Resilience in
Communication
Education

ひつじ書房

レジリエンスから考えるこれからのコミュニケーション教育

村田和代 編

はじめに

　2020 年に入り、新型コロナウイルス感染症が広まり、たちまち世界中が
パンデミックに襲われた。日常生活のあらゆる側面で急激な変化が余儀なく
されたが、その中でも教育への影響は計り知れない。対面によるコミュニ
ケーションを制限される状況下で、一時的な休校や自習では対応できず、オ
ンラインによる学びへの急激な移行が強いられた。もちろん、学習者に多大
なる負担がかかったのは言うまでもないが、同時に、オンライン教育に慣れ
ているとは言えない状況下で適応を迫られた教員にとっても、手探りの状況
が続いたことは否めない。2020 年度前期には、国内の高等教育機関の 9 割
がオンライン授業を選択し、その割合は下がっているものの、現在でも一定
数オンライン授業が継続されている。
　本書出版のきっかけは、2021 年 9 月に開催したラウンドテーブル「コ
ロナ禍で変容したコミュニケーション―これからの教育を見据えて」であ
る[注]。言語・コミュニケーション教育に携わる国内外の研究者が、それぞれ
の立場から、パンデミックの渦中でどのように教育に向かい合ったのか、コ
ロナ禍での教育実践や思い、この体験から何を学び今後の教育にどのように
活かしていくのかを、オンライン上で議論した。そこでの議論で到達したの
が「レジリエンス」という概念である。
　「レジリエンス」は、もともとは物理学の用語で、外部からの圧力が加わっ
た際の物質の反発力や弾力性のことを言う。「復活力」「回復力」といった解
釈から、生態学、心理学での研究が進み、現在では、災害研究、社会学、都
市計画、地理学、教育学等、様々な分野での研究が展開している。それぞれ
の領域や研究者によって定義も多様であるが、一般的には、困難や逆境に直
面しても、自律的に立ち直ることのできる強さや柔軟性のことをレジリエン
スととらえられている。本書においては、レジリエンスについての共通の厳

格な定義は行わず、それぞれの論考で著者が考えるレジリエンスを提示して
もらうようお願いした。比較的新しい概念であり、著者の自由な発想を重視
したいと考えたからである。それぞれの論考で考えるレジリエンスには共通
点があるのか。レジリエンスを高める教育に必要な要素は何か。このような
問いを持ちながら本書を読み進めていただければ幸いである。

　本書は、10編の論文から構成されており、読者の皆様が読みやすいよう
に4つのカテゴリーに分類した。以下、本書の概要を紹介する。

　第1部は、〈コロナ禍で急速に広まったオンライン教育によって顕在化し
た課題〉についての論考である。

　最初の論考では、松下が、大学で日本語教育を担当する教員としてコロナ
禍の教育をふりかえり、「たまり場」の損失とその重要性を論じる。「たまり
場」は、明確な目的がなくても集まれる、不特定多数の人間が参加できる、
会話を始めても始めなくてもよい、完全なパブリックではないがプライベー
トでもない、といった特徴を有す。オンライン教育への移行で、従来学内や
教室に自然に発生していた授業の周辺部である「たまり場」が消失してし
まったことは損失であると述べる。「たまり場」は、授業（一次的で中心的な
目的を有す）の周辺で二次的な存在と考えられるが、実際には、緩衝の場と
して機能するだけでなく、アイデアの創造、ネットワークの発展にも寄与
し、レジリエンスを高めることにもつながるとする。合理的な情報・知識の
伝授を目的とする授業とは異なる、「つながり」を生み出すコミュニケーショ
ンの重要性を再認識する論考である。

　続いて、秦が、オンライン／ハイブリッド授業に着目する。まずは、オン
ライン／ハイブリッド授業とは、どういう空間と構造、性質を持つのかを
「参与・関与のF陣形」を援用しながら解明を試みる。その上で、オンライ
ン／ハイブリッド授業中に起こる雑談に焦点をあてる。教育への志向性があ
る程度ある場合でも本筋から外れた会話を「雑談」とし、その中で不均衡な
役割を担う参与者が雑談によってどのように関係性を調整しているのかをミ
クロな視点から解明する。オンライン／ハイブリッド授業は、対面授業をオ
ンラインに見立てた模倣空間ではないこと、3つの授業における空間はそれ

それがまったく異なるものであるという指摘は、授業をデザインするうえで非常に重要である。加えて、オンラインという新たな教育環境をポジティブなものととらえ、そこでの参与のあり方を、実際の授業談話にみられる雑談を手掛かりに実証的に提示されている点にも着目したい。

　池田・村田は、学生の語りに着目する。学生たちは、急激なオンライン授業の移行をどのように受け取ったのか、そして急激な変化、困難な状況にどのように対応したのか。40名の大学生の「コロナの経験の語り」で共通して言及された、オンライン授業への適応の過程を、内容分析と談話分析を用い詳細に分析する。分析を通して、学生がオンライン授業適応の過程で何がレジリエンスの発揮を左右したのかを探る。学生の語りには「受動的に状況を受け入れる」「支援により困難に対応する」「主体的に困難な状況を乗り越える」の3つのパターンが見られ、困難への対応（レジリエンスの発揮）には、様々なひとびととの「つながり」が重要なことが示唆された。

　第1部では、顕在化した課題に着目したが、第2部では、〈コロナ禍で急速に広まったオンライン教育によってわかった新しい可能性〉についての論考である。

　第2部の最初の論考では、横溝が、一般教養の英語授業に着目する。小・中・高等学校では、学習指導要領によって教えるべき内容が明確に定められているが、大学では、教える内容や使用する教科書の選定についての基準は明確なものがないことが多い。その結果、大学での英語の授業は、「達成目標としてどのような力をつけるのか」が明確でない場合が多く、（大学入試が終わり、これ以上英語を学ぶ理由を特に持っていない）学生にとっては、「いったい何のための英語の授業なのか」といった感情が生まれることになる。横溝は、Social Networking Approach や Community Language Learning といった理論を用いて、「英語を使って、多様な人々や文化とつながる能力を伸ばすこと」を達成目標と設定し、できるだけ学生同士で自由に英語で話せる環境や振り返りの場を提供した。半期期間の途中でオンライン授業への移行を余儀なくされたが、教員自身が状況を前向きにとらえ、Zoom や Padlet の活用によって、お互いの顔を見ながら進めることができた。アク

ションリサーチを通して、授業の主役は学生であり、教員は学生が主体的に話せる場を提供しそれを促進するファシリテーター役である様子や、授業の振り返り活動（自由に英語で書くこと）を通して学生が学ぶ様子が描述されている。授業をデザインするうえでの重要なエッセンスが示唆される興味深い論考である。

　続いては、吉田が、CELTA という英語教授法に基づき、ノンネイティブの英語教師と、母語や背景が異なる英語学習者という非対称的な関係の中で行われるオンライン模擬授業という活動を通して、学習者の知識や理解を引き出すための授業実践の具体的なプランを考える。学習者と教師の双方が、世界の様々な地域から社会的・文化的背景を超えて参加し、協働学習のタスクに取り組む態度をレジリエンスの実践ととらえ、オンラインでの授業活動について分析と考察を行う。「学習者中心」を基軸とするクラス運営の中で、教師側にはどんな配慮が必要となり、双方がどのようなコミュニケーションスキルを培わなければならないのかを問いかけつつ、オンライン授業の経験に基づく授業展開の方法を提案する。オンライン授業は、距離を超えることを可能とした。オンラインであれば、いとも簡単に、世界中からライブで集まることができることをコロナ禍で認識したのではないだろうか。一方、対面とは異なりコミュニケーション上の様々な制限があることも痛感した。多文化・異文化を背景とした学びが、オンライン授業において、インタラクションの調整、他者意識の視点、共在性の回復にどのような影響を与えているかについての考察は、今後も展開されるであろう国や文化を超えたオンライン授業にとって重要な示唆を与えている。

　同じく国を超えたオンライン授業の実践報告である。嶋津・熊谷が、日本とアメリカの大学間で行った国際共修テレコラボレーションにおけるコミュニケーションに注目するものである。日本の大学の学生とアメリカの大学の日本語学習者が SDGs の目標達成のためにできることを考え、それを広く社会に発信するためのウェブマガジンを作るプロジェクトを行った。Zoom や Slack を用いた学生間のやりとり、中間および事後振り返りアンケート、終了後のインタビューを分析し、「トランスランゲージング」の観点から、

学生らがことばの様々な資源を戦略的に用い、相手との距離感を柔軟に交渉しながら、「つながり」の方法を協調的に見出していく様相を提示する。また、このようなオンラインでの国際共修の場において、学生たちがより有意義に交流を行い、深い学びを促進していくために、教師が提供できる支援についても考察する。オンラインを利用した国際共修の実証研究は、国際共修の新たな展開にもつながるものであり、さらなる研究が期待される。

　第3部〈海外の事例から学ぶ〉では、台湾とニュージーランドの事例が紹介されている。

　中村・涂は、コロナ禍の台湾の地方・中央政府による情報発信の実践例をもとに、社会危機を乗り越えるための効果的なコミュニケーションについて考察する。WHOの定義によると、リスクコミュニケーションの鍵となるのは、専門家と市民との「信頼感」、「誠実さ」、「思いやりと共感」、「誤情報への対応」である。台湾の政府機関が、マスメディアでの定期的な情報発信で市民との信頼を築いていることはすでに日本でも報道されているが、本章では、これまであまり注目されてこなかった、情報提示における特徴的なビジュアル・グラマーやユーモアを盛り込んだ「漫画式・ミーム式」の遊び要素について紹介する。これらの実践例を通して、コロナ禍や自然災害のような予測できない社会の危機を乗り越えるための効果的なコミュニケーションとはどうあるべきか、そのためにこれからの教育に何ができるのかを考察する。とりわけ「言語・テキスト中心」の思考から脱却し、ビジュアル・グラマー等を含む包括的なメディアリテラシーにも目を向けるべきだという指摘は、海外で暮らすからこそ見える日本の課題ではないだろうか。

　チャプルの論考では、レジリエンスという概念や研究の展開を概観した後、日本とニュージーランドの教育政策や施策を比較し、教育のレジリエンスを分析しながら、教師や生徒の自己効力感にどのように影響したかを検証する。加えて、コロナ禍で培ってきた新たな教育の可能性や在り方を今後どのように展開して生かせるかについても考察する。ニュージーランドでは、生徒への悪影響を最小限に留め、オンライン教育移行を実現しているが、どのような工夫や努力がなされたのか、国の政策、施策、学校における取組

等の具体例をあげながら論じられる。一方、日本におけるオンライン教育
への移行はどうだったのか。両国の対応の違いは何だったのかについても論
じられている。論考の最後では、オンライン・オンデマンド教育、Flipped
Learning（反転学習）など、コロナを機に「教官型」から「共観型」へとパラ
ダイムシフトが必要だと結論付ける。両国を比較することで明らかになる強
みや弱みは、ニュージーランドで教育を受け、現在日本で大学教育に携わる
筆者だからこそ見えてくる側面も含まれているだろう。

　最後に、第4部は〈これからの教育で大切にすべきこととは〉について論
じられている。

　岡本の論考からは、これからのことばの教育の進むべき方向性に示唆が与
えられる。近年の社会状況の変化や、コロナ禍前後の教育政策・施策につい
て概観した後、レジリエンスを生み出すためには、従来の教育システムの転
換のための「アンラーニング」を提案する。具体的には、①現在の価値観・
知識・ルーティン、パラダイムの批判的見直しと②定期的な振り返り（リフ
レクション）が含まれる。授業実践例として筆者が取り組んできたオンライ
ン、オフライン、対面授業を通して社会変化に柔軟に対応し、多様な他者と
対話を通して「「共感的」な関係を構築し、「主体的な学習者」になる」こと
を目指した協働授業を紹介する。そして、ウェルビーイングを目指した社会
を創造することばの教育のデザインに求められるポイントとして、①学生と
教員の対話の必要性、②デジタル化、ICT教育の目的の再構築、③「聴く力」
の育成の重要性の3つをあげている。日本国内の教育システムの変革の必要
性については、チャプルの論考でも指摘されている。困難に直面した今だか
らこそ、これまでのシステムや制度を守る方向（元に戻る方向）ではなく、変
革する方向（よりよく生まれ変わる方向）へ舵を取る必要があるのかもしれな
い。

　本書の最後の論考では、柳瀬が、レジリエンスの概念を整理し、新生力（創
造的レジリエンス）を提案する。レジリエンスとは、元の状態に戻る（回復
力）ともとらえられるが、これからのVUCA社会（未来に関して確実なこと
は、想定外の変化が来ることだけということを示唆された社会）を生き抜く

若者(学生)にとっては、ピンチをチャンスとみなして新たな適応を目指す新生力の涵養が重要となる。筆者は、若者(学生)が新生力を身につける場所は学校の授業であるとする。そして、そのための「コミュニケーションとしての授業」に求められるのは、身体性と偶発性であると論じる。つまり、身体性への気づきや偶発性は、想定外の出来事や変化への対応であり、予期しない出来事からの回復だけでなく、そこから有意味なものを生み出すことを、教師にも学習者にも教えるのである。授業の偶発性の活用が、学習の意味・学習者の主体性・社会的関係の構築の促進につながる。近年注目されている「教えない授業」も示すように、授業を情報伝達からコミュニケーションに近づけることが、これからの教育が目指すべき方向であることが理論的に論じられている。松下の論考でもコミュニケーションの雑然性や二次性のある、複層的な対人関係機能の重要性が論じられていたように、今後教育の目指す方向は、より人間(ひと)やひととひととのつながりに着目した柔軟で複層的な教育だと言えるのだろう。

　現代は、VUCA 時代と呼ばれている(池田・村田論文、横溝論文、岡本論文、柳瀬論文参照)。コロナ禍は言うまでもなく、日常生活を送る中で、地球温暖化、自然災害、エネルギー問題、人口減少等、日本国内で様々な課題・困難に直面していると感じることが多くなってきた。このような社会状況で、人を育てる「教育」を、レジリエンスという観点からあらためて考える意義はあると考える。とりわけ、コミュニケーションは、人間の社会活動として非常に重要な役割を担っている。そういった活動に直結する言語・コミュニケーション教育は、今後、何を目指してどこに向かって進むべきなのだろうか？

　本書執筆中の 2022 年 2 月に、執筆者が集まりオンライン研究会を開催し、レジリエンスや言語・コミュニケーション教育の今後の方向性に関して、著者間で議論した。そこで出された共通したポイントは以下のようにまとめられる。
・ 逆境や困難から立ち直ることは、元の姿に戻ることばかりではない。より

よいかたちに再構築する力(学び成長する力)をレジリエンスととらえ、そこに向かう(学びの)プロセスも重要である。

・レジリエンスを構成する要素として「適応性」「柔軟性」「包摂性・多様性」「協働実践」「偶発性」が考えられる。

・レジリエンスを高めるためには、コミュニケーションの合理性／情報伝達(transactional aspects)のみを追求するのではなく、無駄・遊び(relational aspects)が重要である。

・レジリエンスに向かう学びとは、「自己変革」「自己変容」につながり、(何かに)気付き変わることである。

・レジリエンスのとらえ方は、個人に閉じるものではない。個人はコミュニティのメンバーでもあるため、コミュニティのレジリエンスにもつながる教育が求められる。これを実現するためには、制度やシステムの改変も必要であろう。

・言語・コミュニケーション教育とは、多様な他者とのつながりを生み出し人間形成へとつながる営為であり、教育者はこの点も意識して進めることが必要である。

・対面コミュニケーションによる「つながり」の構築はもちろんのこと、多様なオンラインコミュニケーションツールを通した距離を超えた「つながり」促進にも取り組む必要がある。

本書は、それぞれの執筆者が、あらためて、レジリエンスという側面から、言語・コミュニケーション教育を考え、コロナ禍の体験や実践や思いをふりかえりながら執筆した。本書が、読者にとっても、コロナ禍の経験をふりかえる機会となれば幸甚である。そして、それぞれの論考が、今後の言語・コミュニケーション教育への提案につながることを切に願う。

本書の出版に際しては、本書企画に興味を持っていただいたひつじ書房の松本功氏、それぞれの執筆者の原稿を細かくチェックいただいた丹野あゆみさんに大変お世話になりました。ここに記して感謝申し上げます。

2022 年初夏

村田　和代　京都にて
平穏な社会を祈念して

注

龍谷大学国際社会文化研究所共同研究「対話と共生が拓くこれからの言語・コミュニケーション教育―課題と実践への提言」主催で開催された。本書出版は本共同研究成果の一部である。

目　次

第1部
コロナ禍で急速に広まったオンライン教育によって
顕在化した課題

第 4 部

これからの教育で大切にすべきこととは

第 1 部
コロナ禍で急速に広まったオンライン教育によって
顕在化した課題

コミュニケーションの緩衝地帯「たまり場」の重要性
コロナ禍での日本語科目、留学プログラム、コミュニケーションの場の変容から考える

松下達彦

キーワード　さりげなさ、二刀流オンライン留学、サードプレイス、雑然性、二次性

1.　コロナ禍で失われたもの

　学生時代、卒業研究をしているという建築学科の学生にキャンパス内で突撃インタビューを受けたことがある。たしか、キャンパス内で一番印象に残る場所はどこか、一番落ち着く場所はどこかというような質問だった。校舎の1階のホールなどにさりげなく置いてあるベンチがとても貴重な場所に思えたのだが、それ以来、この質問の意味をときどき考える。人間には、明確な目的もなくなんとなく集まれる場所が必要なのではないか。俗に言う「たまり場」である。2020年春に始まったコロナ禍でコミュニケーションはさまざまな変容を余儀なくされたが、「たまり場」を失ったこともその1つであろう。

　本章では、大学で日本語教育を担当する教員として、コロナ禍で失われたものは何だったのかについて考えてみる。前半では授業の変容、留学プログラムの変容について、自分の担当現場を自分なりの視点で描述する。後半では、より広く一般に「たまり場」の持つ性質を考え、それが失われることの問題について考え、よりレジリエントな(＝復元力のある)社会に向けて必要なことを考えてみたい。

2.　オンラインの授業で何が変わったか

2.1　メリットもある

　授業がオンラインになることで授業がさまざまに変わったと言われるが、実は授業のタイプによっては世間で言われるほど変わっていないと私自身は感じている。変わった部分は確かにあるが、必ずしもマイナス面ばかりではない。資料の配布は楽になったし、ネット上のリソースを全員で共有するのも簡単である。学生が授業の内容に集中するようになったと感じることもある。双方向的な授業も十分にできる。Zoom のブレイクアウトルームを使えばペアワークやグループワークも難しくはない。教室でマスクをしたまま2メートルも離れて話すよりはずっと良い。同時に1つのブレイクアウトルームしかモニターできないが、学生たちは教員がいない方が自由に話せるかもしれない。チャット機能を使えば、文字やファイルのやり取りもさほど面倒はない。学生の背格好はわからないが、カメラをオンにしてさえくれれば、顔は割とよく見える。遠くの人をゲストに呼ぶのも簡単である。学生も教員も満員電車に揺られて学校に来る必要がないし、授業の合間に休憩をとるのも自宅のほうが簡単である。必ずしも悪いことばかりではないのである。

2.2　科目や活動の特性による難しさ

　もちろん、実験や実習は難しい。日本語の授業でも、現場の学習リソース（学習資源）を使う科目（例えば私の学校で「体験活動」と呼んでいる科目）は内容の変更を迫られたし、紙などの「リアル」の資料を使っていた「多読」や「チュートリアル」などの科目は、オンラインリソースへの転換を余儀なくされた。会話の練習はオンラインでもできるが、リアルで顔を突き合わせてする会話の練習とは質的に異なる練習になっている可能性が高い。

　試験もやりづらいと感じている教員が多い。不正防止のため、カメラで手元と画面を映させて監視したりする。やりたくないが仕方ない。余分な時間を与えない問題にする、何を見てもよい問題にする、レポート課題等への切り替えといった工夫もある。LMS（オンラインの学習管理システム）に問題

を仕込んで実施すれば採点は楽だが、採点後の復習はされにくいようで、フィードバックの効果は紙で答案を見せるときよりも落ちるように思われる。

　また、日本語の授業では、入国制限等により海外からの参加を余儀なくされる学生もかなりおり、教室で参加できる学生とオンラインでしか参加できない学生が出てきたが、教室でライブ授業を行い、それをオンラインで中継する「ハイフレックス」の授業は、教員にも学生にも評判が悪い。専用教室でない場合に機材を借りて教室でセットアップするには設定が面倒で、始めと終わりに10分ぐらいかかってしまう。また、コロナ禍では感染防止のため離れて座らざるを得ず、ペアワークなどはオンラインよりもやりづらい。カメラで全体を移しつつ、個々人の顔も映るようにしたいが、オンラインの学生を大きなモニター画面で映すだけの「パブリックビューイング方式」では教室の学生の個々人の顔はオンラインの学生には見えにくい。また、教室の学生の声を会議用集音マイクで拾うのだが、それだと同時多発的なコミュニケーションは難しい。教室で各自がパソコンを用意する「コールセンター方式」の場合、個々人の顔は見えやすいが、ペアワークなどで同時に教室内の全員がマイクをオンにするとハウリングを起こしてしまうことが多い。

2.3　顔が見えるか見えないか

　学生がカメラをオンにしてくれれば顔が見えるが、オフにする学生もいる。特に大人数の授業でカメラオフに慣れている2年生以上の学生は、こちらから言わないとオフのまま授業に参加することが多い。しかし、顔が見えないのはやりづらいという教員の声は非常に多い。質問時に、声でも文字でも、何か反応がすぐに返ってくればまだよいが、反応がない場合、顔が見えないと反応が全くわからない。表情から得る情報が少なくないことを実感する。

　村田（2021: 135–136）はZoomによるオンラインミーティングで雑談が生じにくい要因を5つ挙げているが、そのうちの1つとして、「視線の授受ができない」ことにより「ターンの授受がスムーズに行われにくいためテンポ

のある会話につながらない」ことを問題視している。授業は雑談ではないが、視線の授受ができないことで失うものは大きい。カメラをオフにされると、カメラをオンにして授業をしている教員はテレビ出演者のようになり、「視聴者」の反応を想像しながら話をするしかなくなってしまう。

村田（2021: 136）はまた「平面の小さな四角の中に上半身のみが映し出されるだけで、小さな相槌や、頷きといった聞き手行動は看過される場合が多い」ため、「視覚情報が極端に限られ、聞き手行動が機能しづらい」と述べているが、それでも視覚情報が少しでもあるのとまったくないのとでは大きく異なる。モニターの画面が大きければかなり多くの人の表情を同時にモニターできる。また、たとえ顔だけでも相互に見えれば、場を共有しているという感覚が生まれ、相手を無視することができなくなると感じられる。

中にはカメラはオンで参加すること、と決めている大学もあると聞く。教室では顔が見えるのは当たり前だから、という理屈である。しかし、私が授業をしている学校では、カメラをオンにすることは強制できないとされている。まず、インターネット接続環境のよくないところからつないでいる学生は、カメラをオンにすると回線に負荷がかかり、接続に問題が生じる。接続に問題がない場合でも従量制課金でインターネットを利用している学生にとっては、容量を食う画像のやり取りは経済的負担を増すことになる。画像は保存ができるため、プライバシー保護が必要だという意見もある。心理的な問題を抱えていてオンライン上で顔を出したくない学生もいると聞く。

私個人は、できるだけ顔を見せてほしいと学生に要望しつつも、顔を出したくない場合は、授業の始めと発言時にはできるだけカメラをオンにしてほしいと学生に頼んでいる。1年生は開始時に一度オンにするとその後もオンにしている学生が多いが、2年生以上はすぐにオフにしてしまう学生が多い。

2.4 失われた授業の「周辺」

実は、私がいちばん問題だと思っているのは、授業そのものよりもその「周辺」が変わってしまったことである。授業の前後に学生たちがさりげなく会話することが減ってしまったし、授業中の私語もなくなった。教員がオ

ンラインの「教室」に入ってくる前に学生同士が会話できる設定にしているが、私が入っても学生同士が会話していた気配はない。だいたい私が来るまで、学生たちはカメラもオフにしていることが多い。

　村田（2021: 135–136）も、オンラインで雑談が生じにくい要因として、上節で述べた2点のほか「ミーティング前後のフェーズが生じにくい」「発話のオーバーラップが起きない」「ミーティング中にちょっと隣の人と話すことができない」などの点を指摘しているが、まさにこれらの特徴が諸問題の根源である。

　授業の前後に学生同士で話をするのは楽しいものであろう。午前中の最後の時間なら、授業後に適当なクラスメートを捕まえていっしょにランチしに行くという光景がしばしば見られる。それがオンラインで失われた。

　教員は授業後に学生に質問を受けることもあるし、ちょっと気になる学生にこちらから声をかけることもある。オンラインでもそれはできるが、さりげない声かけは難しい。オンラインでは全員のいるところで一人の学生だけに声をかけなければならないのである。（プライベートチャット機能を使えばそうしなくて済むが、それでも「さりげなさ」は出せない。）

　授業中の私語がないのはよいことだと思われるかもしれないが、実はそうでもない。授業中に教師の話を聞き逃したときに隣の学生をのぞいてフォローすることが難しくなったという話も聞いた。私自身もそんな学生だったからよくわかる。つまり、その場の思いつきで周りをのぞくということができなくなったのである。クラスメートと話をするのは教師も含めたクラス全体か、教師がグループ分けをしたディスカッションの時間だけである。オンライン授業では、良くも悪くも、画面と音に集中しなければならない。

　Zoomでは、チャット機能で一部の学生と（教師や他のクラスメートに知られることなく）授業中にやり取りをすることはできるが、「隣」という概念がないので、相手を「選ぶ」理由が必要になる。さほど親しくもない相手でも、隣にすわっていれば話しかけられるが、Zoomでいきなりメッセージを送ることは難しいであろう。ブレイクアウトルームで、自由に部屋を変えられる設定にした場合でも、話し相手を変えるのに部屋を出入りしなければな

らないので、立食パーティーのような状況に比べて、相手を変えることに心理的な抵抗が大きいように思われる。（学会などの終了後の懇親会がZoomで行われるときに、このようなことを感じる。）自分で明示的に相手を「選択」するという行動が伴うことが問題なのであろう。

　目的のはっきりしない、いわゆる「雑談」がなくなり、同時多発的なコミュニケーションも失われた。あるいは目的をはっきりさせないような「さりげない」コミュニケーションが、授業中とその周辺から失われたのである。

　そしてもちろん課外で行われるサークルやクラブの活動はオンライン授業で大きな打撃を受けた。学生にとってはそちらの方が問題かもしれない。また高学年生や修士の院生などもゼミの先輩とのコミュニケーションが減り、困っていると聞く。出会いの場、人間関係を作るネットワークの結節点が減ってしまったことが大きな問題であろう。

2.5　「さりげなさ」とは

　ここまで書いて思うのは、私たちの社会にはときどき「さりげない」コミュニケーションが必要だということである。では「さりげなさ」とは何だろうか。おそらく、目的が事前に計画されていない、明らかに示されない、二次的（おまけ）である、といったことであろう。目的の偶発性、非明示性、二次性と言えばいいであろうか。「Aさん、あなたの様子が気になりますから、授業後に話しましょう」などと事前に伝えなくてもよいということである。ましてやほかの人がいるところでそんなことを言う必要もない。このような、目的の偶発性、非明示性、二次性などに関わる問題は、4節の「たまり場」の話でもう一度考えたい。

3.　留学プログラムの変容

3.1　オンライン留学の導入

　私が2021年度まで所属していた大学では、2020年度から3学期連続で（＝1年半）、新規の交換留学生受け入れが中止された。留学交流の中止による

社会的マイナスが大きいことは言うまでもないが、非常勤講師の担当コマ数の大幅減もコーディネータとしては悩ましい問題であった。留学受け入れはまぎれもなくインバウンド産業である。

　大学の留学担当オフィスが、交流提携校の担当者および提携校の学生にオンライン留学のニーズの調査（単位認定の可否など）を調べたところ、どうやらある程度（3割ぐらい？）はニーズがあるようである。

　オンライン留学をしない、あるいは認めない提携校は、オンラインでは留学の意義が減じると考えているのであろう。やはり現地に来たいという学生が多いのは、現地で授業以外の部分にも期待しているからである。オンライン留学の利点と欠点は、おそらくオンライン観光の利点・欠点とも共通である。風景を平面上で見て、ことばで知識を得るだけならオンラインでもできるが、その場の空気全体から感じられるものが欠けるのは、留学でも観光でも同じで、その場で決められたところ以外に行けないのも共通している。

　ただ、オンライン留学にも（オンライン観光と同様の）大きなメリットが2つある。1つは渡航費と滞在費がかからないことである。経済的理由で留学をあきらめていた学生もオンラインなら留学できる。もう1つは、簡単に時空を超えられる点である。自室でお茶を飲みながらでも参加でき、オンデマンドの録画でも参加できることがある。

3.2　2種類のオンライン留学と学内規定の整備

　オンライン留学には2種類あるようである。全面的オンライン留学と「二刀流オンライン留学」である。二刀流とは、同じ学期に在籍校の授業と提携校の授業の両方に出るということである。二刀流を可能にするのがオンラインの特性である。

　このようなオンライン留学の新しい形に対応できるよう、私の所属校では学内規定が整備された。他大学の単位を卒業に必要な単位の半分を上限に認める制度は前からあった。それに加えて、在籍校にいても、海外の提携校にいても、「二刀流」で取得した単位を一定の程度、卒業単位として算入できることを明確化したのである。コロナ禍は大学にとっても打撃であったが、

留学の新しい形を打ち出せたことはプラスだと思われる。

3.3　時差への対応

　2021年度の秋から、オンラインのみでの留学生受け入れが始まったが、最大の問題は時差への対応であった。オンデマンドの授業（録画による授業コンテンツ）を作り込むのは大変な手間であるし、言語学習の性質上、双方向のやり取りはある程度欠かせない。しかし、欧米など、時差の大きい地域の学生に対し、夜中にライブ授業に出ることは強制しにくい。交換留学生の多い科目は5限（夕方）や1限を中心に配置するなど、過去、どの科目でどの地域の学生の履修が多いかを調査し、履修しやすそうな時間帯を使うといった工夫をした。中国、韓国には二刀流の学生が多いように見受けたので、所属校の授業と重なりそうな時間帯を外せるように、やはり5限を使った。

3.4　出欠の管理や評価方法への影響

　ハイブリッド授業（ライブ授業＋オンデマンド配信）の導入と出欠管理ルールの変更なども検討された。すなわち、現地時間で夜中に授業に出なければならないような場合には、ライブ授業の録画を視聴することで出席と認めることを部分的に許可するといった対応を考えざるを得なくなったのである。どのような場合に録画視聴による出席を認めるか、録画視聴後に掲示板への投稿などによる「参加」を義務化するかどうか、など、授業計画の詳細を記したシラバスに記述しなければならなくなった。試験やプレゼンの日のみライブへの出席を義務づけるといった科目も多く、授業計画も前倒しして新学期の数カ月前から提携校の学生に公開する必要が高まった。

　オンデマンド授業の効果については、ここでは一概に論じられないが、自律的な学生でないと、1週間の間に録画視聴する時間をきちんと確保することが難しいようにも見える。動機づけの高い学生であればよいかもしれないが、掲示板でのフィードバックを頻繁に行うなど、何らかの形で双方向性を確保しないと動機づけが下がりやすいように思われる。やはり授業はテレビ番組とは違うのである。

4.　「たまり場」の重要性

　ここまで日本語科目や留学プログラムの変容について述べてきたが、冒頭に述べたように、私には「たまり場」が失われたということが最大の問題であるように思われる。以下、「たまり場」について改めて考えてみたい。

4.1　「サードプレイス」「セミ・パブリック」「原っぱ」「廊下」「リビングルーム」

　実は「たまり場」に類似の概念がすでにいろいろある。その代表は「サードプレイス」（オルデンバーグ 2013）である。家庭でも仕事でもない、「関係のない人どうしが関わり合う」「楽しい集いの場」であり「インフォーマルな公共」の場である。オルデンバーグはサードプレイスを都市生活の孤独を解消し、地域社会を活気づける場と位置づけ、「人を平等にする」場であり、社会への市民参加という政治的な意味合いまで論じている。

　劇作家の平田オリザは、パブリックでもプライベートでもない「セミ・パブリック」な場でドラマが生まれると述べ、そのような場の重要性を論じている（平田 1998）。「セミ・パブリック」な場とは、「見知らぬ人同士がある目的のために集まっているが、自由に話すことが可能な場」とし、ホテルや美術館のロビー、病院の待合室などを例として挙げている。バス停やカウンターのある飲食店などもそのような場として機能するであろう。そういえば、イギリスのコーヒーチェーンが、店内の 1 つのテーブルを知らない人同士が囲む「おしゃべりテーブル」と決めて、そこでは誰もが自由におしゃべりができると決めたところ、反応がよく、当初は全国 25 店でスタートしたのが、全国 300 店にまで広がったそうである（多賀 2021）。これも「セミ・パブリック」な場を意図的に設けたケースだと言えよう。ロビーや病院の待合室に比べると目的が明示的な感じもするが、何かを決めるために集まっているわけではない点ではやはり「たまり場」的である。

　建築家の青木淳は「原っぱ」の重要性を論じている（青木 2004）。遊園地では初めから遊びが決まっているが、原っぱは何をするかを集まったメンバーで決められるのである。原っぱでは目的が明確には決まっていないし、

誰が、いつ参加するのかも明確には決まっていない。

　カウンセラーの東畑開人は「ケア」の場としての「廊下」の重要性を説く（東畑 2021: 66–70）。学校では、廊下のほか、昼食中や授業の前後の会話が、たまり場の役割を果たしている。その意味で、例えば校舎のホールの片隅のベンチやなんとなくたまれるラウンジは非常に重要なものであろう。

　小説家の三田誠広は、子ども部屋など不要で、自分の子どもは勉強も遊びも全部リビングでしていると述べているが、これは、家庭における「たまり場」としてのリビングの効用を説いているようである。なんとなくたまって、家族がいても話をしなくてもよい。手を延ばせばお菓子や新聞があり、気が向いたらテレビなどをつけてもよい。そういえば私の子どもも、自分の部屋があるのにわざわざリビングで勉強することがある。いや、私自身もそういうことがあったな、そういえば。

　「サードプレイス」「セミ・パブリック」「原っぱ」「廊下」「リビングルーム」と表現は異なるが、どれも「たまり場」的な性質を異なる側面から表現したものである。それぞれが表現しようとしている特性は少しずつ異なるが、明確な目的がなくても集まれる、不特定多数の人間が参加できる、会話を始めても始めなくてもよいといった特徴がある。パブリックの場では普通は目的が定まっている。プライベートでは同じメンバーが集うことが多い。そのどちらでもない場である。こういった特徴をすべて含む場として、私にはいちばんしっくりくる「たまり場」という語を使いたい。

4.2　場の開放性、多様性、雑然性

　「たまり場」では、参加資格が開放されている。基本的に誰が来てもよい。多様な人々が集う場である。公園もカウンターバーも校舎のラウンジもそのような場である。ロビーも廊下もバス停もそうである。リビングルームも家族のメンバーであれば誰でも来られる。また、このような場は開放的で多様であるがゆえに、雑然としている。町中の広場には、屋台が出ていたり、パフォーマンスを披露する人がいたり、おしゃべりに興じる人がいたりする。犬を連れてベンチに腰掛け、なんとなくボーっとしている人もいる。「たま

り場」は複数の人々による複数の活動が共存し得る場だと言える。

　「たまり場」は、ふらっとやってきてなんとなく落ち着く場所で、活気のある学校には、必ず良いたまり場がある。オンライン授業やオンライン会議ばかりになって、「たまり場」は著しく減ってしまった。授業の前後の教室、校舎のラウンジでの会話やベンチでの会話、ランチ後のテーブル会話が消えてしまったのである。考えてみれば大学のキャンパスは巨大なたまり場だ。4月には新入生歓迎の看板が立ち並び、サークル勧誘の場では知らない人に話しかけることが普通にできる。オンライン化して学校や会社では、1年生が友達を作る場を大きく失ってしまったのである。

4.3　目的の偶発性、非明示性、二次性

　「たまり場」のコミュニケーションには「さりげなさ」がある。2.5節でも述べたように、それは目的が初めから計画されない偶発性がある。あるいは少なくとも偶発性を装う（「さりげなさ」を演出する）ことができる。目的がはっきりと示された場では人は緊張しやすい。目的が明確な行動には評価の尺度があり、結果が評価される。だから緊張しやすいのであろう。「たまり場」のコミュニケーションでは緊張感から解放されている。授業よりはその前後の会話のほうがリラックスしている。

　そもそもたまれば「三密」になってしまうわけであるから、コロナ禍で「たまり場」が失われるのは必然である。「たまり場」は特別な計画や約束がなくても会話を始められる場である。オンラインの居酒屋やスナック横丁をやっているという報道もあるが、それでも立食パーティー形式を実現するのは難しいだろう。あるオンライン居酒屋サイトには「出会いを求めて相席プラン」なるものがあり、「少人数の男女が集まり、みんなで仲良く和気あいあいとお楽しみ下さい。店長・女将は皆様が仲良くなれます様に最大限頑張ります。」となっている（オンライン居酒屋「ゆんたく」）。居酒屋と言っても酒を出してくれるわけではないので、まさにたまり場を意図的に作ろうという試みである。類似の試みはオンライン宿泊、オンライン銭湯、オンラインバスツアーなど、いろいろ出てきている。「たまり場」を取り戻そうとする

試みである。

　しかし、どうも「リアル」の居酒屋に入るよりもオンライン居酒屋の敷居は高い。オンライン空間には参加者同士の遠近がない。相手を「選ぶ」のに「理由」が必要で、相手にもその理由を考えさせることになる。例えばアニメファンが集うサイトで会話が始まるというように趣味サイトに集うなら敷居が少し下がるかもしれない。つまり軽い目的を設定することで人を選んだりほかの理由を説明したりする必要がなくなることはあるかもしれない。病院の待合室やバス停も、一義的な目的は診察や乗車である。会話が二次的な目的であれば、意識されにくく、「さりげない」ものとなる。

　阪神タイガースファンが応援しながら集うオンライン居酒屋なら私も入りやすいかもしれない。人と話すことそのものは、形式的には二次的な目的となり、明示されないからである。なんとなく人と知り合う場をどう作るか、それが「新しい日常」の中の新しい問題である。

4.4　アイデアの創造性、ネットワークの発展性、手段や場の代替性

　さらに言うならば、目的がないことにはより積極的な意味がある。私も普段はいつも学生たちに目的を持ち、計画を立て、自己モニターしながら物事を推進していくことを促しているが、進学や就職といった明確な目的がある場合にはよく機能する。しかし、そのように目的を限定してしまうと、それがうまくいかなかったときに自分を追い込んでしまう可能性がある。目的から離れた「遊び」のない場では、疲れるばかりであろう。

　仕事も同じである。例えば学会はコロナ禍でオンライン開催となり、出張がなくなってつまらないが、正直に言えば、勉強の機会は増え、発表にも集中しやすい。ただ、同時に会場の廊下でのやり取りや飲食を共にする場での交流がなくなり、仕事を発展させる何かが失われているように思われる。

　状況は一般のビジネスでも同じであろう。ネットで検索してみると、コロナ禍以降、ビジネスの世界で雑談の効用を説く記事が目につく。リモートワークで雑談が激減したことを危惧して、定期的にオンラインで公式雑談タイムを設けている企業もあるようである（荒川・入山 2021、井上 2021、角

2020、D-Com 編集部 2021）。仕事の打ち合わせに雑談を取り入れた企業も
ある。例えば、広告代理店の博報堂の打ち合わせは 50% が雑談で、「本音で
話す」ための準備運動でもあり、打ち合わせにおける「共有」「拡散」「収束」
「統一」の 4 つのプロセスのうち、雑談は特に「拡散」の段階でアイデア出
しに役立つという（博報堂ブランドイノベーションデザイン局 2017）。

　経営学者の入山章栄は多くの物事が雑談で決まると述べ、イノベーション
は離れた知と知の組み合わせであり、そのためには多様な人が自由に意見を
言える心理的安全性が重要だという（荒川・入山 2021）。入山は「トランザ
クティブ・メモリー」が対面の雑談から生まれることも紹介している（入山
2016）。「トランザクティブ・メモリー」とは、組織のメンバーが同じ知識
を共有するという意味での情報の共有化ではなく、「他のメンバーの誰が何
を知っているのか」という知識であり、それが組織全体に浸透していること
が組織の学習効果を高めるうえで重要だというのである。それには直接対話
によるコミュニケーションが重要であることがわかっており、革新的なアイ
デアを生む IT 系の新興企業の多くが、社内に娯楽施設をつくり、無料で食
堂を開放したり、オフィスの中央にカフェを設けたりしていることには「ト
ランザクティブ・メモリー」を高める効果があるだろうと述べている。

　学校という場について戻って考えると、異なる志向を持つ学生たちが（単
線やツリー構造でない）網の目のようなネットワークを自由に作れる貴重な
場であり、それが仕事の場に出てから役立つことも少なくないであろう。心
に遊び（余裕）のある状態で、目的を定めない、多様な他者とのやり取りの中
からは新しい発想も出やすいはずである。

　Zoom などのオンラインでは、つなぎっぱなしにでもしない限り、明確な
目的のない雑談を設定することが難しい。すれ違いざまの雑談や給湯室の会
話（井戸端会議）や職場の飲み会やティータイムが大切なのは、そこがネット
ワークを発展させる場でもあり、一義的な目的とは離れたアイデアを発展さ
せる場でもあるからである。

　そのアイデアの中には、しばしば集団の主目的とは離れたオルタナティブ
（代替的な手段・経路）を発展させるものもある。学校になじめない子どもが

さまざまな「たまり場」で自分の「居場所」を見つけるのはよくあることである。大人も同じかもしれない。十分に力を発揮できずにいる社会人が、ふとした雑談から立ち上げた仕事で活躍するといったこともあるに違いない。

4.5　緩衝の場としての「たまり場」

　このような多様な性質を持つ「たまり場」は、対立や衝突を、事後にまたは未然に緩和する可能性を含む。ビジネスを始めるときに相手との飲食から始めることはよくあるが、より恒常的かつ非公式に「たまり場」を設けておくことは衝突の回避につながりやすいであろう。国家首脳間においても様々な機会をとらえて非公式な接触があり、そこで半ば私的な関係を深めることがある。国家間あるいは異文化間などにおける「たまり場」は、例えば留学交流やスポーツイベントである。目的意識の弱い一部のSNSもインターネット上で類似の役割を持ちうるであろう。

　ただ、SNSなどでは自分の見たいものだけに偏りやすいうえ、Twitterのように短い言葉によるコミュニケーションだけに頼るツールには、誤解や対立を助長しやすい面もある。インターネット上のつながりは簡単に時空を超えるが、どのようなコミュニケーションが起きるかは設定されたモードに影響を受けるので、注意深く見る必要があろう。

4.6　文化の問題と言語教育の可能性

　「たまり場」の重要性には、もしかしたら文化の問題も少し関係あるかもしれない。日本には平均的にシャイな人が多いように思われる。そのような人々にとっては、「さりげない」コミュニケーションの場がなくなると、とりわけ人間関係が限定されやすいかもしれない。

　日本で生まれ育った人にパブリックな場での発言が苦手な人が多いことは広く知られる。Kim et al. (2016) などが英語圏での日本人留学生の教室での沈黙について論じているが、決して言いたいことがないのではなく、自信が持てないと発言しないという慎重さなど、さまざまな要因が関連していると思われる。唐突だが、日本の子どもの精神的幸福度がOECD加盟国等の38

か国中 37 位である（UNICEF Office of Research – Innocenti 2020）といったことが関わっているようにも思われてならない。社会心理学者の村山綾は、日本では米国に比べて自分たちのコミュニティの外にいる人々に対する関心が低いと考えており、遠い将来の利益に思いをいたすことができない傾向が日本では強いという研究があり、日米で比較すると日本人は未来への展望を持つことが米国人より苦手で、未来をコントロールできるという信念も薄いという結果が出ているそうである（真鍋 2022）。これらの問題には自己尊重感（self-esteem）が低いことが関わっているのではないだろうか。自己尊重感は文化的寛容度（cultural tolerance）を高めるためにも重要だと言われる。これらは日本の教育や文化の根本にかかわる問題だと思われる。

　Zoom による授業では、発言が乏しくなったという意見が聞かれる一方で、これまで大教室などでは発言できなかった学生たちが、チャット機能を使って質問がしやすくなったという声も聞く。これまで学校に行くことが怖くて授業に出られなかった子どもが授業に参加できるようになったという話も聞く。こういった点を考え合わせると、教育の中に「たまり場」的な要素を持ち込むことが解決の 1 つの方向性にならないだろうか。そしてそこに、言語教育の可能性や方向性も見いだせるのではないか。

　「たまり場」的コミュニケーションだけで問題が解決できるわけではないし、エビデンスもなしに単純な結論は出せないが、自由な発想を許すたまり場の欠如が、自信がないから言えない、異なる他者を受容できない、といったことにつながっているように思われ、ダメならやり直せばいいという発想の欠如につながっていて、それが建設的発言のしにくさになり、社会的レジリエンスに欠けた、硬直した社会を作る原因になるかもしれない。それを解決するのに言語教育は貢献すべきではないだろうか。

5.　おわりに―「たまり場」とレジリエンス

　「たまり場」には強い目的意識がない。目的意識のある場では評価基準が設定できるので競争があることが多く、勝てば生き抜けるが勝てないと生き

抜けない。教室では成績がつくし、ビジネスも同様である。社会がそれだけになってしまったら、勝てない人間は行き場がないし、勝てる人間もそればかりでは辛いはずである。

　「たまり場」には競争がない。教室や職場での競争をとりあえず離れることができる。そのような場がたくさんあって、競争的でない人間関係ができてくれば、コミュニティとしては強くなる。逃げ場ができ、そこから助け合いが起きたり問題解決のアイデアが出たりする。代替性があることがレジリエンス(復元力、強靭性)につながる。目的に見合った行動以外の周辺で得られるものとは、そのような多様な選択肢と網の目のように広がるネットワークではないだろうか。1つだけでない、さまざまなコミュニケーションのチャンネルが併存しているのがレジリエントな(復元性、強靭性のある)社会だろう。4.1節で紹介したイギリスのコーヒーチェーンの「おしゃべりテーブル」は、実はイギリスが国として取り組む孤独対策の一環である。孤独はいまや政治的な課題になっており、そこでは「たまり場」づくりが奨励されるのである。

　授業中に隣を覗いたり、聞き逃したところを隣の学生に尋ねたりするのも、失ったものを復元する作業である。授業で活躍できない生徒がクラブやサークルで自分らしさをはっきりできるのも代替的な場の貢献である。4.5節で示した国家間、異文化間の緩衝の場は、傷ついた世界を復元することに役立つに違いない。多様で雑多で複線的であることがレジリエンスにつながる。その意味で「たまり場」は個人にとっても集団にとってもレジリエンスをもたらす大きな要素であろう。

　いかに「たまり場」を取り戻すかはポストコロナの社会的課題であり、緩衝地帯としての「たまり場」は国家間や異民族間でも必要とされているに違いない。

参考文献

青木淳(2004)『原っぱと遊園地』王国社

荒川陽子・入山章栄(2021)「まずは自分たちの「常識」を引き剝がそう　「知の探索」「知の結合」がイノベーションを引き寄せる」Great Place to Work. <https://hatarakigai.info/library/talk/20210402_264.html> 2021.4.2

井上一鷹(2021)「リモートで起こる「雑談不足」の解消法」『DIAMOND ONLINE』ダイヤモンド社　<https://diamond.jp/articles/-/271335> 2021.5.20

入山章栄(2016)「「飲みュニケーション」「たばこ部屋」にも意義がある⁉」『PRESIDENT Online』プレジデント社　<https://president.jp/articles/-/21077> 2016.7.4

角勝(2020)「テレワークにこそ雑談を―アイデアを生むための制度「フィーカ」とは？」CNET Japan.　<https://japan.cnet.com/article/35154711/> 2020.6.8

東畑開人(2021)『心はどこへ消えた？』文藝春秋

多賀幹子(2021)「イギリスの孤独対策に学ぶ」NHK『視点・論点』2021 年 12 月 14 日放送

D-Com編集部(2021)「入山章栄氏「今が、過去30年で最大の、そして最後のチャンス」」<https://project.nikkeibp.co.jp/decom/atcl/102700007/121600004/?P=3> 2021.1.7

博報堂ブランドイノベーションデザイン局(2017)『博報堂のすごい打ち合わせ』SB クリエイティブ

平田オリザ(1998)『演劇入門』講談社

真鍋弘樹(2022)「■長期的な展望、持てぬ傾向　村山綾さん（社会心理学者)」『朝日新聞』2022 年 4 月 7 日

三田誠広(1998)『ぼくのリビングルーム』KSS 出版

村田和代(2021)「雑談研究をめぐる諸相と今後の展望―コミュニケーションにおける重要性から教育への示唆まで―」『第 2 言語としての日本語の習得研究』24：pp.122–137.

Kim, Soonhyang, Burcu Ates, Yurimi Grigsby, Stefani Kraker, and Timothy A. Micek. (2016) Ways to promote the classroom participation of international students by understanding the silence of Japanese university students. *Journal of International Students* 6(2): pp.431–450.

Oldenburg, Ray. (1999) *The Great Good Place: Cafes, coffee shops, bookstores, bars, hair salons, and other hangouts at the heart of a community, Third edition*. Da Capo Press.（オルデ

ンバーグ・レイ　忠平美幸訳（2013）『サードプレイス─コミュニティの核にな
る「とびきり居心地よい場所」』みすず書房）

UNICEF Office of Research – Innocenti. (2020) *Worlds of Influence: Understanding What
Shapes Child Well-being in Rich Countries.* <https://www.unicef-irc.org/publications/
pdf/Report-Card-16-Worlds-of-Influence-child-wellbeing.pdf>

オンライン／ハイブリッド授業における雑談の機能と役割

大学院専門科目授業実践にみる新しい「日常」へのレジリエンス

秦かおり

キーワード　雑談、授業実践、オンライン、談話分析

1.　はじめに

　日本の新型コロナウイルス感染者数は 20,226,698 人（2022 年 9 月 13 日現在）となり、現在オミクロン変異株による第 7 波が高止まりの状況である。2021 年 10 月現在、文部科学省の調査（全国の国公立大学対象）では、2021 年後期の授業においては、半分以上を対面とする予定の大学が 97.6%、しかしそれらのうち、全面対面と回答した割合は 36.2% にすぎず、その他は何らかの形でオンラインを残したままで授業を実施していることになる。10 月調査以降、オミクロン変異株の急速な拡大により、オンライン／ハイブリッドへの逆行、あくまでも対面を維持など、政府からの明確な指針がないままに各大学が対応を迫られている状態となっている。また、最近になって別の変異株も発見され、ワクチン接種の効果についてもさまざまな方面からの研究がなされている。さらに深刻なことに、グローバリゼーションを謳い留学生を積極的に受け入れてきた潮流を妨げるように、水際対策の徹底により入国できない留学生も多く存在する。これらの社会状況から、今後新型コロナウイルスの状況がどうなるにせよ、オンライン／ハイブリッド型授業が完全になくなるということは現段階ではいささか考えづらい。

　このような状況の中、オンライン／ハイブリッド授業は全面対面に戻るまでの暫定的な措置であるという考えを捨て、これは「新たな日常」であると

捉える必要がある。その中で学生と対峙した時に、いかに授業を有効且つスムーズな形で成立させるかを検討し、レジリエンスの観点から、新たな「日常」への進化・発展を目指す。

2.　目的とリサーチクエスチョン

　2020年4月から約2年間、どの学校でも新型コロナウイルスへの急な対応を迫られ続けたオンライン／ハイブリッド授業は、今後新型コロナウイルスの状況がどのように変化したとしても、一度私たちが享受したオンラインの利便性を完全に手放すとは考えにくく、授業においてもなんらかの形で使用されると予測される。このような事態を受けて、本章は、オンラインやハイブリッド授業はいずれ消え去るような暫定措置ではなく「新たな日常」と捉え、それへの適応・発展・効率化にはどのような捉え方、方策が必要かを解明することを目的とする。より具体的には、オンライン／ハイブリッド授業中に起こる雑談というインフォーマルな対話の機能と有効性に焦点を当て、下記の2つのリサーチクエスチョンを設定する。

1. オンライン／ハイブリッド授業実践において観察される多くの特徴の中で、雑談はどのような特徴を備え、どのような役割を担っているのか？
2. 上記の特徴、役割はレジリエンスをどう促進するのか？

　以上のリサーチクエスチョンに応えるべく、本章では2019〜2021年度の授業録画をデータに分析していく。

3.　理論的背景

3.1　レジリエンスとは

　「レジリエンス」は非常に多義的な用語である。近年では「レジリエンス」がより一般的に使用されるようになり、数多くの専門書、一般書が出版されている（小塩・平野・上野 2021、ティスロン 2016、枝廣 2015）。また、『日

本質的心理学研究』では、レジリエンスを特集している（日本質的心理学会 2018）。しかしその中には啓発書や啓蒙書の類も多く見られ、単に立ち向かう力といった意味合いで使われていることが多い。

　もともとは物理用語の1つである「レジリエンス」は、現在では、教育、子育て、防災、地域づくりなど多方面に応用され、「レジリエンス向上」の取り組みが展開されている。そのような多様な捉え方の中の1つとして、枝廣（2015）はレジリエンスを「外的な衝撃にも、ぽきっと折れてしまわず、しなやかに立ち直る強さ」（p.1）と定義した。外的な衝撃とは、物理的なものでもあるが、より精神的なもの、環境による外圧や抑圧が一気にかかること、状況の急変なども含まれる。今回の新型コロナウイルスのパンデミックは、あっという間に蔓延し、経済生活、学校生活をはじめとするありとあらゆる側面で私たちに深刻な打撃を与えているという意味で、枝廣の述べる「外的な衝撃」にあたるだろう。ただし、新型コロナウイルスの影響は、一時的なものではなく、既に2022年現在、2年以上経過してもまだ収まりを見せていないことから、衝撃よりは真綿で首を絞めるような、じわじわとした抑圧であるとも言えるだろう。

　ティスロン（2016: 12–13）によれば、心理学的なレジリエンスアプローチ第3波においては「クオリティ（素質）から始まり、それからプロセス（過程）、最後にフォース（力）」を持つという過程全てを経ることでレジリエンスが達成されると定義した。その後、第4波として、協働実践に焦点が当てられ「新たなルネサンス（復興・再生）」、発展のパラダイムと捉え直されている。これらのレジリエンスの定義は、新型コロナウイルスによるパンデミック下で授業を行わなければならない中で、人々がそれにどう対応し、コロナショックから「回復」していくかというプロセスに注目する本論文にも援用できるものである。

3.2 「授業」という制度的場面

　授業とは制度的場面の一種であり、そこで行われる教室談話は、基本的になんらかの達成すべき目標や課題を遂行している場と言える。授業における「なんらかの達成すべき目標」には2層あると考えられる。1つ目は、学習

目標を達成し何らかの学習成果を得るという目標、2 つ目は人間形成を含む
情緒的・メタ的レベルの目標である。

　現在の授業におけるレジリエンスは、これら 2 つの目標を達成すべく、「外
的衝撃(新型コロナウイルス感染症拡大の影響)による強制的かつ急激な状況
変化(オンライン／ハイブリッド化)を受け入れた上で、授業以外に交流の場
が少ない現状において、授業が持つ役割と 2 層の目的達成のために協働実践
を行う、新たなルネサンス(復興・再生)と発展」を必然として持ち合わせた
ものであると考えられる。

3.3　「雑談」の定義

　雑談にもさまざまな定義があり、広く研究対象となっている(村田・井出
2016)。その中で最も汎用性の高い定義は筒井の「特定の達成すべき課題が
ない状況において、あるいは課題があってもそれを行なっていない時期にお
いて、相手と共に時を過ごす活動として行う会話」(筒井 2012: 33)であろう。

　先に述べた「授業」という場は、原則的に目的をもって遂行される場であ
り、筒井の「特定の達成すべき課題がない状況」であるとすれば、それは慎
むべき「私語」ということになるだろう。しかしながら、授業中の全ての雑
談が「慎むべき私語」ではないことは、私たち教員の感覚的な共通認識では
ないだろうか。そこで、その感覚的な共通認識の正体を、実際の授業実践の
中の「雑談」を分析することによって明確にしていく。

　制度的場面である授業の中で発生する「雑談」は、何らかのメタ的な意味
合いを持っており、本当に特定の達成すべき課題がない状況なのか、疑問に
思えてくる。むしろ、「雑談」とは、授業の達成目標を間接的に助ける、授
業進行の助力をする機能を持っており、さらに先に述べた人間形成を含む情
緒的・メタ的レベルの目的の達成に対してポジティブな機能を持つもので
あると捉えることができる。そうだとすると、筒井の定義よりもかなり多義
的に授業中の談話を分析する必要があるだろう。つまり、達成すべき目標や
課題を遂行している最中でも、その遂行をメタ的に補助する役割をする、ス
モール・ストーリー的な「雑談」(インフォーマルなコミュニケーション)が

あり、それがレジリエンスにおいて重要な役割を持つということである。

　このような考えのもと、本章では、雑談を「学習目標達成に向けた間接的な助力、また人間関係構築も含めたメタ的な機能を持つ対話」と定義し、論考を行っていく。

4.　方法

　本章では、大学院の専門科目演習授業を題材に、レジリエンス向上に際して雑談がどのような役割を果たすのかを分析する。具体的には、関西地区の大学院博士後期課程において行われた「コミュニケーション特別研究」における授業を取り上げる。この授業は博士後期課程の選択科目であり、主としてその授業担当教員を博士論文の指導教員、副指導教員としている学生がほぼ必ず履修しており、それに加えて、その教員の専門分野が博士論文を執筆するために必要な大学院生が履修している。また、既に修了した学生も参加し、議論を深化させる役割を果たしている。本授業の題目では「コミュニケーション」と銘打ってはいるが、取り上げるテーマは社会言語学、コミュニケーション学、談話分析、メディア学など、「文化や社会を言語的な切り口で研究するもの」を幅広く扱っている。

　調査は、1回90分週1回の授業を合計71回、6,480分の授業実践の分析である。詳細は以下の通りである。

表1　データの概要

期間	回数	形式
2019年4月〜7月	13回	全て対面、ただしスカイプ参加あり
2020年4月〜2021年1月	30回	全てオンライン
2021年4月〜2022年1月	28回	オンライン8回、ハイブリッド20回
合計	71回	大まかな動きとしては、対面→オンライン→ハイブリッドとなる。

　データ取得方法は、2019年は対面教室の4隅に1台ずつ、計4台のカメラを設置し、さらにレコーダーを置いて録画録音を行った。この頃はまだオ

ンライン授業という概念そのものが一般的ではなかったが、遠方からの参加者についてスカイプでの参加を認めていたため、現在で言うところのハイブリッドに近い授業形式となっている。しかしながら、ごく少数（具体的には1名）がオンラインで参加している形であり、ハイブリッド授業をしているという意識は教員学生双方ともなかった。2020年度は最初大学に入校できないところから始まり、オンライン授業が推奨されていたため、その頃爆発的に普及したオンライン会議ツールZoomを使用し授業を行っていた。2020年度については、Zoomの録画機能を使用して、毎回録画を行った。2021年度は、前半はオンライン授業であったが、後半には教室に来られる学生は来るという完全ハイブリッド授業に移行し、教員も教室にいるようになった。しかしこの頃のこの授業の主流はオンラインであり、対面で来ている学生もZoomに入室してもらい、Zoomの録画機能による録画録音を行った。2022年度は原則対面となり、教室に参加している学生とごくわずかにオンラインで参加する学生がいるという、対面主体のハイブリッド授業となり、2019年度に実施していたような授業形態に近い状態となったため、Zoomだけではなく教室場面も録画した。ただし、2022年度に教室に設置したのはビデオカメラではなく3機のiPadである。技術の発展により、iPadでも記録媒体として十分機能するようになっていたことから、このような方式とした。ただし、2022年度のデータ分析は後日の別稿に譲ることとし、本章には含めない。

　以下は、授業の形態や参加者構成などの詳細である。

表2　授業の形態と参加者について

項目	概要
授業の形態	原則として1回1名が担当。学会発表、論文、データセッション、研究計画など各自の研究成果について発表し、議論を行う。
参加人数	毎回、9名〜12名（教員1名を含む）
参加者構成	博士後期課程の院生(D1、D2、D3)、既に修了した元院生、博士課程入学を目的としている研究生

　これらの授業の中で、本章が定義するところの「雑談」場面を事例に、分析・考察していく。

5.　分析

5.1　オンライン／ハイブリッド授業の構造分析

　本節では、オンライン／ハイブリッド授業とはどのような構造を持つ場であるかを概観する。Kendon（1990）は、対面空間において 2 人もしくはそれ以上の人物がコミュニケーションを行う場合の参与・関与について、以下のように示した。

図 1　参与・関与の F 陣形（F-formation：Kendon（1990））（坊農（2008）より抜粋）

　図 1 を参考にすると、対面授業時、オンライン授業時、ハイブリッド授業時における参与・関与の構造が異なることがわかる。まず、対面授業時には、上記 F 陣形に比較的近い形で理解可能な空間認知ですむ構造となっている（秦 近刊）。これに対し、オンライン授業時には、実存空間とバーチャル空間が混在し、対面授業よりも、より複雑な空間認知能力を必要とする空間となっている。

　このような空間においては、自分も含めた参加者全員が原則的に同じように画面に正面を向いた状態でモニターに映ることとなり、そこには対面空間

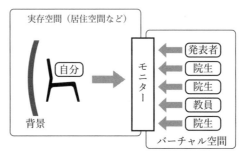

図2　オンライン授業時のF陣形

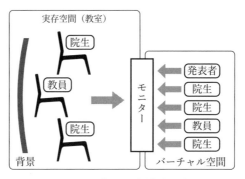

図3　ハイブリッド授業時の陣形

のような、場所によって制御された体や目線の向きというものが存在しない。インタラクションも全て、モニターを通して行われ、音声が1つのスピーカーから出てくることが原則となるため、参与の場が2つもしくはそれ以上に分割して同時進行することもあり得ない。対面の教室場面においては行われていた、主たる発言者と、それとは関わらないマージナルな空間における「私語」といった、多層的なやりとりが難しいということになる。1人の発話者がターンをとっている間は、他の参与者は黙っているより他なく、Zoomのノイズキャンセリング機能によりオーバーラップも発生しづらい構造となっている。

　これに対し、ハイブリッド空間はどうか。ハイブリッド空間にはさまざまな様態があるが、本授業でとっていたハイブリッド空間とは、実存空間に

いる参与者も等しく Zoom に入室している形式を取っている。それは、図 3
のような空間となる。

　上記のように、実存空間に複数参与者がいる場合、そこだけが通常の対面
空間の構造になっており、それとモニター越しにバーチャル空間が混在する
という、さらに複雑な構造となる。

　以上のように、オンライン／ハイブリッド授業は単に対面授業をオンライ
ン上に見立てた対面の模倣空間ではなく、根本的に構造が異なるものとして
捉える必要がある。では、このような対面に対して歪みを持っている空間に
おいて、どのようなものが雑談として捉えられ、それがどう機能しているの
か確認していく。

5.2　オンライン授業における雑談の役割

　授業時の雑談の発生には、3 つのパターンが考えられる。1 つは授業開始
前の雑談である。これはスモール・トークあるいはアイスブレーキングと呼
ばれ、多くの研究がなされている。2 つ目は授業中の雑談である。授業中の
雑談に関しては、いくつかの研究があるが、授業中の学生同士の会話に焦点
を当て、それを言語人類学的に分析しそこで再生産されるイデオロギーを導
き出した榎本 (2019) の考察が代表的に挙げられるだろう。榎本は、イデオ
ロギーや教室内のトラックが複数あり、教室空間におけるコミュニケーショ
ンにより、複数のイデオロギーが再生産／競合すると主張している。最後は
授業終了後の雑談である。授業終了後の雑談は、授業実践の場としての教室
という空間ではあるものの、授業の目標達成とは離れたものとして存在し、
「私語」とは見做されない。

　本章では、授業中の雑談を取り上げるが、榎本が焦点を当てたような、授
業空間の中の一部で行われる傍参与者同士の雑談ではない。オンライン授業
においては、傍参与者同士がその場を支配している発話者と多層的に発話
することが、Zoom の機能的に不可能だからだ。したがって、ここでいう雑
談とは、結局のところ音声的に場を支配しているやりとりでありつつも、
授業目標の本流とは外れたスモール・ストーリー（以下 SS：Georgakopoulou

(2001, 2006), Bamberg and Georgakopoulou (2008) など) である。

　分析の結果、オンライン授業中の雑談は、対面授業に比べ、授業の進行と全く関係がない雑談は格段にしにくい空間と言える (授業中の関係がない雑談は、個人間チャットや LINE グループなどの別空間で代替される)。授業内で始められた雑談は、強制的に全員に共有され、その参与態度も画面をオフにしない限り明瞭に写ってしまう。

　このことは、雑談という行為の意味や意義を、これまでの対面授業の形態で起こる雑談とは全く異なるものとした。これまでは教室の隅で、本流とは異なる私語として行うことが可能だったものは音声上不可能となり、また、オンラインで全員が等しく前を向いて写ってしまっている画面上では、対面時には可能であった傍参与者[1]同士でのアイコンタクトや仕草などでの意思疎通が不可能となる。誰が誰に当てているか不明瞭だからだ。このように、オンラインにおける雑談は、一気に全員に強制的に共有されてしまうという性質を持っている。

　以下の抜粋1は、この回の授業の発表担当者 AK のデータセッションである。授業の目標としては、AK に対して有益な情報や視点をもたらし、データについての考察を深めることである。一通りデータを見終わった後、God の冠詞は必要か否かの話になり、その結論が出ないままに、AK がデータ中に出てくる「コリント人」について情報を求める発話を行った。以下はその抜粋である。

抜粋 1. 宗教の話 (2021 年 04 月 28 日 01:23:15-01:25:50)

1.　AK: コリント人に出した手紙がどうのこうのみたいな : (.) のを読んだけど :: (.3)
　　　　 > なんかこれ < ナラティブの中でどういう意味を持っているのかがさっぱり

2.　KH: [(キーボードの打刻音をさせ、目線が Zoom 画面から外れている)

3.　KS: [(うなづく)

4.　AK: (.4)h わかんなかった h

5.　KN: °そうで [すね ::::°

6.　MK: 　　　 [> なんかこ <- 高校から £XXX だったんで h [(.) 結構 (.)£　　　 SS 1

7.　KH:　　　　　　　　　　　　　　　　　　　[(笑顔で正面に向き
　　　直る)

8.　MK: (.) 結構 (.) 聖書の時間はあったんですけど h=

9.　KH: = そうだ [よね

10.　MK:　　　　[あの [あんまり ahhhhhh

11.　AK:　　　　　　　　[£ なんで覚えてないの £

12.　KH: [@@@@@

13.　MK: [£ すみません £ ahhhhh

14.　AK: [(無言だが歯を見せて大きく笑っている)

(中略：MK が高校時代朝の礼拝で寝ていたので聖書の内容を覚えていない話)

15.　KH:　え :::> なんか < 私前職が XXX じゃな↑い　　　　　　　SS 2

16.　MK: (無言で大きくうなずく)

17.　KH:　で XXX クリスチャンでしょ？

18.　MK: (無言で大きくうなずく)

(中略：教会でのスモール・ストーリー：讃美歌は知らなくても歌えてしまう話)

19.　KH: £ あれちょっとずれてて↑も ::: 別になんかこう (.) なんていうかいい具合に :::
　　　あの :::。こう。二重奏とか三重奏っぽく £=

20.　MK: £ あはははははは £=

21.　KH: = [£ ちょっとずれてても別にいいのかなって [思って £

22.　AK:　　[(笑いながらうなずく)

23.　MK:　　　　　　　　　　　　　　　　　　　[(笑いながらうなずく)

24.　他参与者：(全員笑っている)　→図 4

25.　MK: £ あははははは £ [(.)£ ふふ £

26.　KH:　　　　　　　　　[(うなずきながら目線をゆっくりモニターへ逸らしていく

27.　　　　[(.)

28.　AK: [笑顔で大きくうなづく

29.　KH: ちなみに [神様なんですけど :: [今

30.　参与者全員：　　　　　　　　　　　[(笑顔から真顔に戻る)　→図 5

　上記抜粋1では、MK が6行目で SS1 を開始する。これは、コリント人に関する情報提供にはなっておらず、コリント人に関する情報を得たいという AK の目的に対して合致していないが、「知らない」という表明を行っており、大きく有益な情報ではないものの、少なくともこの場で誰もわからず沈黙が流れてしまっていたところをつなぐ役割を示している。さらに重要なことはそれと同時に「誰もわからない」ので「全員がわからない前提で話してよい」という立ち位置の承認と確認をも表している点である。MK は続けてコリント人に関して「知らない」ことの理由を述べるという情報提供を行っており、13行目で「すみません」と述べたところで、学習という文脈としては終了している。それ以降は学習としては意味をなさないが、それにもかかわらず学習という本筋から離れた「雑談」として話が続けられる。「知らない」ことの理由を説明する SS としての SS1 は MK が6行目の発話開始時には真顔だったものが途中から笑いを含む会話となり、それが「笑い話」であることを明瞭に示唆している。この「笑い話」に対し、場の参与者全員が笑顔を作り「笑い話」であることを認定し、且つ肯定的に受け入れており、「コリント人を知っているかどうか」という授業の本筋から雑談としての笑い話へ逸脱していく様子を示している。

図4　KH のスモール・ストーリーで全員が笑っている場面

　以上の MK が提供した笑い話としての雑談が、KH によるさらなる本筋からの逸脱を誘発している（15 行目）。KH はもはや「コリント人」に関する知識も知識不足も表明せず、MK の笑い話に接続する雑談を開始している。すなわちここで起こっていることは笑い話の連鎖であり、15 行目から 28 行目までの KH の SS2 は MK の雑談の中の「教会で起こった体験談」という部分を取り上げ、それを自己の体験談と照らし合わせて発展させている。この SS2 は 19 行目で KH が大きく笑いを含んだ発話をすることで、「笑ってもいい話」として参与者全員に認定され、21 行目のパンチラインに誘発される形で 24 行目では全員が笑っている（図 4）。

　この後、26 行目では、KH は笑いながら目線を正面から実存空間の右側に存在するモニターへと顔の向きと目線をずらしており、まだ全員が笑っているにも関わらず次のアクションへと移行するシグナルを画面に映し出している。その後 29 行目で話題を変え、同時に全員の笑顔が消えていく（図 5）。

　この 29 行目からは、コリント人の話題の前に疑問が呈されていた、God に冠詞を付けるかどうかという話題への解答を示し始めている。「神様なんですけど」（29 行目）の発話の後には、God に冠詞を付ける場合と付けない場合を説明しており、KH の教員としての指導発話となっている。したがっ

図 5　話題転換時の笑顔の消失

て、ここをもって授業の目標に沿った談話に戻ったと言って良いだろう。

　つまり、ここでは2つの連鎖した逸脱としてのSSが提示され、最初のSSは多少なりとも学習目標に対する回答になっていたが、そこから派生したSS2は完全なる逸脱で、内容的には授業目標に対しなんの役にも立っていない。

　しかしここでもう少し枠を広げると、抜粋1の前にAKが「（キリスト教に詳しい人に説明してもらいたいため）クリスチャンはいるか」と問いかけたのに対し、KNが多少の経験があることを答え、次にMKが同じようにキリスト教にまつわる経験談をつなぎ、同じく次にKHがキリスト教関連の体験談を話して、KHの授業に戻る指標で終わっている。そのことを考え合わせると、授業談話という大きなナラティブ構造でいえば、問いかけ→回答1→回答2→回答3→現実への引き戻しといった一塊の構成を成しているとも言える。特にここで着目したいのが、現実への引き戻しが、言語行動に先んじて行われていること、それが画面を通して明確に相手に伝わることである。図5が示すように、KHの顔の向きや目線の外し方は明らかに話題からの撤退を示しており、図4と大きく異なっていることがわかるだろう。秦（2015）においても、対面談話で、発話者以外の参与者が話題を転換したい場合に、発話に先んじて身体動作で次への変換を示唆するという現象は観察されたが、発話権を保持している発話者が発話ではなく身体動作を先んじて話題転換を場の参与者全員に明瞭に知らせることができるのは、オンラインの場という特徴が大きく関与していると言えるだろう。

5.3　ハイブリッド授業における雑談の様相

　2021年後期から始まったハイブリッド授業は、教室に来られる人は教室に来て、遠方の人、通学中の感染に不安がある人、幼児を抱えている人などがオンラインで参加するという形式であった。結果として、オンラインでの参加者の方が圧倒的に多く、対面教室に来る学生は数人程度であった。以下の抜粋2は、発表者が審査会のハンドアウトを資料とし、審査会での自身の研究発表について内容に対するアドバイスをもらっている場面である。それ

に対して、KH はメタ的な要素から内容以外の示唆を行うために笑いを交え
て雑談的対話を始めている。以下がその後の対話である。

抜粋 2. ハイブリッド授業で見られる雑談の様相
（2021 年 07 月 07 日 01:20:20–01:21:13）

1.　　KH:　たとえば第 6 章ってかいてあって :::

2.　　　　　そこが全部ブラ :: ンクみたいな感じになってると

3.　　　　　あれ出来てないじゃん、っていう印象になっちゃうわ£け£

4.　　　　　> だから < そこである程度埋まってて (.) 中が大して精査されてなくても

5.　　　　　誰も見ないから

6.　　　　　あの ::::> えと < みなさん専門分野じゃない人がみるのは序章 (.2) ↑ と

7.　　　　　最後の結論なんですよ . →図 6

上記の例で着目したいのが、顔の向きである。発表者の KS と KH は共に教
室におり、たびたび対面で対話をしてしまっている。また、SC も教室にい
るため、顔が横を向いてしまっている。オンライン参加者は当然自分の前に
あるモニターを見るので前を向くが、そこに映っている教室参加者は、画面
とは全く関係がないところを見ながら喋っているということになる。つま

図 6　対面参加とオンライン参加の分断

り、オンラインの場合では、宛て手が不明瞭だったり1人に対する指導が全員宛に見えていたりしたものが、対面空間とオンライン空間で分断が起こっていることがわかる。

　図6で示したように、さらに複雑にしているのは、Zoom画面上の並び方は必ずしも対面教室の並び方と同じではないため、図6の場面では、KSとKHはお互いに視線を宛てており、SCはそれを笑いながら見守っている立場だが、画面上では視線が全くばらばらに映ってしまう。こうした現実との乖離は、先の図3で述べたような、空間の歪みからくるものであり、修正が難しい。さらに対面の比率が大きくなった2022年度では、オンライン参加者はほとんど無視されてしまう形で進行する。このことは、オンライン参与者と対面参与者の平等性という観点から今後の課題として大きくのしかかるものである。

6.　授業形態の変化におけるレジリエンス

　以上で見てきたように、オンラインとハイブリッドでは多くの差異が特徴的に挙げられる。これをレジリエンスを促進させるために、どのように捉えたらよいのかを考察したい。まず、これまで約2年間にわたり続けてきた完全オンライン授業には、今後おそらく戻ることはなさそうである。しかし、ハイブリッド型の授業はなんらかの形で継続し、完全対面と並列して続いていくことだろう。レジリエンスという観点から言えば、上記のように、オンラインで確立していった新たな授業方法に慣れ、さらに資料提示や交換もZoomによって行うことで対面方式であった頃よりも利便性が高く肯定的に捉えることが可能になるという、一種の「回復、発展」といったレジリエンスを達成してきたところへ、ハイブリッドという新たな体制が主流となり、一種ゼロベースに戻ってしまった。オンライン空間が対面空間の延長にあったわけではないように、ハイブリッドもオンライン空間の延長でも、ましてや対面空間の延長でもない。世の中がハイブリッド空間に移っていく中で、私たちはオンラインに移行した時のように、ハイブリッドならではの利便性

を見つけ出し、肯定的に捉えていくことが、レジリエンスの実現となるのではないだろうか。

7.　結論

　本章では、オンライン授業とはそもそもどういう空間で、どのような性質を持つのかをまず紐解き、さらにハイブリッド授業について考察してきた。その結果分かったことは、対面、オンライン、ハイブリッドは延長線上にあるようでいて、全く異なる空間であり、従ってそれに応ずるストラテジーも、それに対応したレジリエンスの形態も異なるということである。私たち実践者は、単に対面のコミュニケーション行動を画面の前で行うわけではないことは実感としてあるが、それが実存空間とバーチャル空間が一種の歪みを持つ構造であることに起因するということを認識し、そこでのコミュニケーション実践に繋げるべきである。

　そのような空間における雑談は、参与者を繋げ、授業実践を補助する役割を持つ。これまでは指導の中のいわゆる「脱線」の形で行われていると思われていた雑談であるが、授業の目標達成を促し、明確な雑談の開始・終了のマーカーを示すことで、授業に対する雑談の立ち位置を明確にしている。このことは、今後のある種歪んだ空間の中で人と人とをつなぐ、1つの大きな役割となるだろう。

注

1　傍参与者とは、Goffman（1981）によれば、「参与枠組み」（会話における参加者のさまざまなステータスを説明した枠組み）の1つの役割である。承認された参与者でありながらやりとりの非宛て手（unaddressed recipient）であり、中心となっているやりとりに関与しない形でバイプレイ（byplay）が可能となる図式であるが、本章で示しているようなオンライン構造だと、それが音声上は不可能、ということである。

参考文献

枝廣淳子 (2015)『レジリエンスとは何か—何があっても折れないこころ、暮らし、地域、社会』東洋経済新報社

榎本剛士 (2019)『学校英語教育のコミュニケーション論—「教室で英語を学ぶ」ことの教育言語人類学試論』大阪大学出版会

小塩真司・平野真理・上野雄己 (2021)『レジリエンスの心理学—社会をよりよく生きるために』金子書房

片岡邦好・池田桂子・秦かおり (2017)「参与・関与の不均衡を考える」片岡邦好・池田佳子・秦かおり編『コミュニケーションを枠づける—参与・関与の不均衡と多様性』1–26. くろしお出版

十河智美・北野賀子・佐藤伊吹・神田智子 (2012)「仮想空間内でのエージェントとの F 陣形の形成」『*Human-Agent Interaction Symposium 2012*』http://www.ii.is.kit.ac.jp/hai2012/proceedings/pdf/2D-21.pdf〈2021 年 5 月 30 日最終閲覧〉

筒井佐代 (2012)『雑談の構造分析』くろしお出版

ティスロン，セルジュ (2016)（阿部又一郎訳）『レジリエンス—こころの回復とはなにか』白水社

日本質的心理学会 (2018)『質的心理学研究—特集：レジリエンス』第 17 号，新曜社

秦かおり (2015)「再開のコミュニケーション—子供の介入によるインタビュー中断と再開を事例に—」『言語文化研究』第 41 号，pp.131–148.

秦かおり (2017)「コラム：スモール・ストーリー」鈴木亮子・秦かおり・横森大輔（編）『話しことばへのアプローチ—創発的・学際的談話研究への新たなる挑戦』pp.249–452. ひつじ書房

秦かおり (近刊)「社会言語学における質的研究の指導と研究支援—対面授業とオンライン授業の比較対照分析」『大学院留学生の研究支援と日本語教育』ココ出版

坊農真弓 (2008)「会話構造理解のための分析単位—F 陣形」『人工知能』23(4): pp.545–551.

坊農真弓・高梨克也（編）(2009)『多人数インタラクションの分析手法』オーム社

村田和代・井出里咲子編 (2016)『雑談の美学—言語研究からの再考』ひつじ書房

Bamberg, Michael and Alexandra Georgakopoulou (2008) Small Stories as a New Perspective in Narrative and Identity Analysis. *Text and Talk*, 28(3), 377-396.

Georgakopoulou, Alexandra (2001) Arguing about the future: On indirect disagreements in conversations. *Journal of Pragmatics*. 33, 1881–1900.

Georgakopoulou, Alexandra (2006) Thinking big with small stories in narrative and identity analysis. *Narrative Inquiry*, 16 (1) pp.129–137.

Goffman, Erving (1974) *Frame Analysis: An Essay on the Organization of Experience*, Harvard University Press, Cambridge.

Goffman, Erving (1981) *Forms of Talk*, University of Pennsylvania Press, Philadelphia.

Kendon, Adam (1990) "Spatial organization in social encounters: The F-formation system," *Conducting interaction patterns of behavior in focused encounters*, 209–237. Cambridge University Press, Cambridge.

ウェブサイト

NHK 特設サイト「新型コロナウイルス」

https://www3.nhk.or.jp/news/special/coronavirus/data-all/

https://www3.nhk.or.jp/news/special/coronavirus/data-widget/

〈2022 年 9 月 13 日最終閲覧〉

文部科学省 (2021)「令和 3 年度学生生活にかかる喫緊の課題に関するセミナー」

https://www.jasso.go.jp/gakusei/about/seminar_kikkinkadai/__icsFiles/afieldfile/2021/12/23/r3kikkin_mext_1.pdf〈2022 年 4 月 30 日最終閲覧〉

文部科学省 (2021)「新型コロナウイルス感染症の影響による学生等の学生生活に関する調査（結果）」

https://www.mext.go.jp/content/20210525-mxt_kouhou01-000004520_1.pdf〈2022 年 4 月 30 日最終閲覧〉

トランスクリプト記号一覧

記号	意味	記号	意味
[	オーバーラップ	£ £	笑いながらの発語
(.)	2 秒以下の沈黙	(0.0)	それ以上の沈黙
__	強調表現	h	呼気
=	続けて聞こえる発語	> <	周辺よりも早い音
↑	音の上昇	↓	音の下降
°°	周辺よりも小さい音	:	長音
@	笑い	XXX	個人情報保持のための伏字
[(( ))	ジェスチャー等非言語行動の解説		

学生たちはオンライン授業への
変化にどのように対応したのか

池田麻衣子、村田和代

キーワード　(不)適応のプロセス、アイデンティティ、オンライン授業

1.　はじめに

　新型コロナウイルスによる感染症(以下、Covid-19)は、大学教育現場にも
多大な影響を与えた。文部科学省は 2020 年 5 月 1 日「学校運営上の工夫に
ついて」によって、教育機関に、感染リスクが高い「3 密」(密閉、密集、密接)
を避け、分散登校を行うことを求めた。しかしながら、大学は、規模の大き
さや多様なカリキュラムなどから、分散登校の実施は困難と判断し、多くの
大学では、従来の教育様式を変更する決断に至った。

　文部科学省の「新型コロナウイルス感染症の影響による学生等の 学生生
活に関する調査」によると、感染拡大防止対策のため、日本全国の約 9 割の
大学が、緊急措置的に全面的にオンライン授業に移行した。このような対面
授業からオンライン授業への授業形態の移行は、大学生に急速な変化への対
応を余儀なくさせた。劇的な授業形態の変化に、学生たちは、オンライン授
業をこなしながら、困難や苦悩などの負の感情に対処し、オンライン授業の
状況に適応することを強いられた。このような事態の学生生活への影響の実
態を把握するために、文部科学省や各大学は、学生の視点からのオンライン
授業の実態と課題についての大規模な調査を実施した。

　しかしながら、これらの調査は、アンケートなどを用いた量的調査で、未
だ詳細な実態は明らかになっていない。今なお続くコロナ禍で、多くの大学

は、オンライン授業の運用を継続しなければならない状況にあり、オンライン授業への移行が学生にどのような苦悩や戸惑いをもたらしたのか、学生は、その苦悩や戸惑いにいかに対応していたかなど実態の詳細を把握する必要がある。

　近年、予期しない世界規模の社会問題（災害、環境破壊、貧困など）が増加している状況下で、本書がテーマとしているレジリエンスについては、多くの領域から研究が進められている。従来の個人に関するレジリエンスの研究の多くは、心理学や教育学の分野で行われている。これらの研究では、深刻な状況に適切に対応した事例にのみに焦点が置かれる研究が非常に多く、困難に適切に対応した・適切に対応できなかったという成否を左右したプロセスについては、十分に研究されていない（Ungar 2021）。そこで、これらのギャップを埋めるために、本章は、40名の大学生の「コロナの経験の語り」で共通して言及された、オンライン授業への対応のプロセスを、談話分析を用い質的に詳細に考察する。

　考察を通して、学生がオンライン授業への対応の過程で、何が／どのような要因が困難への対応を左右したのかを探る。2節で本章のレジリエンスの定義と従来のレジリエンス研究手法の問題点について言及する。続く3節では、コロナ禍によって変化した教育環境を把握するため対面授業とオンライン授業の相違について概観する。4節では、収録したデータおよび方法論について説明する。5節では、分析の結果を報告し、考察を行う。最後に、本研究の結果から、大学教育においても一定程度活用が予想されるオンライン授業の課題を示すとともに、レジリエンスの観点から今後のコミュニケーション教育のあり方についても示唆する。

2.　本章におけるレジリエンス

　本章では、学生ひとりひとりが、急激な授業形態の変化にいかに対応したかのプロセスをレジリエンスの観点から考える。本節では、本章におけるレジリエンスの定義づけを行い、レジリエンスのプロセスを観察する研究手法

について考える。

　レジリエンスは、生態学や心理学が発端となって様々な領域で研究され、それぞれの分野で、独自にレジリエンスの理論的体系やモデルが発展し、理論的枠組みやモデルも多様で複雑に拡大したものとなっている。従来の研究では、レジリエンスは、一般的には個人の内在する能力として捉えられてきた。しかし、最近の研究では、レジリエンスは、心理学的側面、社会的側面、生態学的側面のシステムが相互作用することによって動的に形成されるものであることが明らかになってきている（平野ほか 2018）。このような動的に形成されるレジリエンスは、領域を超えた捉え方が求められるのである。

　Ungar（2021）は、多様な研究分野で独自に発展してきたレジリエンスの概念の調査を通して、分野を超えた共通性から定義することを提案している。そして、レジリエンスの定義に共通するのは以下の 3 つの側面であると指摘する。

1. 深刻な苦悩や困難に直面したときに行使される。
2. 困難や脅威の状況への抵抗・適応・現状維持・回復・そして変容（成長）に至る過程である。
3. 社会的・文化的文脈性や階層をなすシステム間の力関係の状況下で、外的要因としてどのような社会文化的リソースが得られるのか、そしてそれらを適切に利用できるかどうかによって、ダイナミックに形成されるものである。

　上記より、レジリエンス形成には、社会文化的文脈や社会システムの相互関係に配慮した適切な、社会文化的リソースを模索し駆使することが重要であることがわかる。本章では、Unger（2021）に基づき、上記 3 つの側面をレジリエンスの定義とする。

　上記定義から、レジリエンスは、文化的・社会的文脈や社会システムによるアクセス可能な外的なリソース（環境）を適切に利用することによって発揮されるダイナミックなプロセスとして捉えられているが、未だこのプロセス

は十分に明らかになっていない。

　原因の1つとして、これまでのレジリエンス研究の多く、とりわけ心理学において用いられてきた研究手法が挙げられる（平野ほか 2018）。従来のレジリエンスの研究の多くは、尺度法や質問紙を用いた量的研究手法を用い、レジリエンスに作用する内的・外的要因を様々な角度から検討してきた。しかしながら、質問紙や尺度法では、質問・項目数が制限されることから、実際の脅威や困難に直面した特異的な状況での個人の内面に有するある種の能力であるレジリエンスの発揮に寄与した要因の全てを網羅できない可能性が指摘されている（斉藤・岡安 2010、村木 2016）。また、調査参加者が要因として意識していない場合、実際の要因が結果に反映されない恐れもある。さらに、個人個人が異なる状況と環境に応じて様々なリソースを使用し、偶発的且つダイナミックなプロセスで形成されるレジリエンスの全体像を、量的研究によって正確に捉えることには限界がある（松山・土屋 2015）。

　Ungar（2004）は、構築主義の視点から、インタビューや参与観察などから得られた言語データを質的研究手法で、文化社会的文脈との関係の中でレジリエンスを捉え直す必要性を訴えている。しかしながら、未だ質的研究の手法を取り入れた研究は僅少な状況にある。

3. オンライン授業と対面授業のコミュニケーション環境

　Covid-19 による対面からオンライン授業への授業形態の急激な移行は、教室内のコミュニケーション環境を大きく変えた。学生たちがどのようなコミュニケーション環境を経験したのかを把握するため、本節は、ビデオオンラインコミュニケーション（Zoom や Google hangout 等）と対面コミュニケーションの特徴や教室談話に関する実証研究より、対面授業とオンライン授業におけるコミュニケーション環境の相違について示す。

　オンライン授業とは、インターネットを媒介した遠隔授業のことであり、同期型オンライン授業とオンデマンド型授業の2つのタイプに分けられる。「同期型オンライン授業（同時双方向型）」とは、オンラインを媒介し教員と

学生が同じ時間を共有して行われる授業のことである。オンデマンド型授業は、教師と学生が同一時間と場を共有せず授業が行われる。

　対面授業と同期型オンライン授業は、「対面会話の持つ、①お互いに顔が見える、②双方向性、③同時性」(尹 2004: 36) など多くの共通点を備えているが、システム的特徴により対面と同様な円滑な相互インタラクションは行えないことが報告されている (杉原 2005)。円滑な相互インタラクションを阻むシステム的特徴としては、オンライン媒介のためのインタラクションの遅延、空間の非共有、視線の不一致、映像範囲による制約があげられる (福永ほか 1993、杉原 2005、山崎ほか 2003)。山崎ほか (2003) によると、システム的特徴のため、非言語キュー (画面越しの視線や微妙な表情、頷きなどの微妙な動き、画面から把握できない体の動きや対人距離) や言い淀みなどが捉えがたい。このような環境では、ターンテイキングの際に使用される、発話意欲を示す「あ」「え」「あの」などの言語リソースだけでなく、視線や頷きなどの非言語が把握しづらいため、ターンテイキングを適切に行うのが困難な状況にある。そのため、沈黙や発話の開始部にオーバーラップが多く生じ、これらを避けるための話の中断が報告されている。

　さらに、授業やグループワークでは、言語と非言語を巧みに使用し、他の参加者に会話への参加や不参加の態度を示しあうが (中井 2006)、非言語が使用できないことで、効果的に授業やグループワークの会話への参加を促すことや、参加・不参加を示しあうことができない。このような環境では、学生が教師に質問することが困難であり、教師の一方的な発話中心になる傾向がある。また、学生間のグループワークの会話も、より効果的に参加・不参加を示すことができないため、活発な議論が難しい状況にある (岩崎 2019)。そのうえ、空間の非共有のため、対面授業であれば、参加者同士で自由に行えていた相互インタラクションの機会は Zoom のブレイクアウトルーム機能でグループやペアリングされた時などかなり限定されていることが報告されている (岩崎 2019)。つまり、これらシステム的特徴により教員と学生・学生同士の相互インタラクションが制限された環境にある。

　対面授業や同期型オンラインクラスと比べると、オンデマンド型授業のコ

ミュニケーション環境は大きく異なる。オンデマンド型授業では、参加者の時間と場が非共有のため、教師や他の参加者との相互インタラクションは、事実上不可能である。相互インタラクションを行う際には、電子メールやSNS等を用いなければならない。つまり対面授業に比べ、オンデマンド型授業は、インタラクションの機会を維持することが難しく、機会が減少する環境にある。

4. 調査とデータの概要

コミュニケーション環境が異なるオンライン授業に、学生はどのように対応したのかを探るため、本調査のデータとして、「Covid-19 談話共同研究プロジェクト」のもと収集された世界規模の災害である Covid-19 についての若者たちの語りの一部を使用する[1]。

4.1 調査方法

語りのデータ収集は、感染対策のため Zoom を使用して行った。参加者をランダムに初対面同士でペアを作成し、データ収集日に指定した Zoom リンクより参加してもらった。データ収集日は、参加者の心理的プレッシャーを配慮し参加者の同世代にモデレータを行ってもらい、「Covid-19(コロナ)について自由に話してください」と発言した後、30分程度 Zoom から退出し、初対面の参加者2人に自由に Covid-19(コロナ)の経験について語ってもらい、それらを収録した。Covid-19 の経験の若者たちの語りでは、共通してオンライン授業のことが語られた。今回は、現段階で収録した20ペアを対象に、若者がオンライン授業について言及した部分を抜粋して文字転記し談話分析を行った。

20ペアのオンライン授業のことを語っている部分をすべて分析すると、オンライン授業の移行に対して、学生たちは次の3つの対応を行っていることがわかった。

①受動的に状況を受け入れる。

②支援により困難に対応する。

③主体的に行動し困難な状況を乗り越える。

表1は、5節で例をあげる3つの会話の協力者の基本情報である。

表1　協力者の基本情報

	性別	年代	職業
S	男性	20代	大学生(2年)
M	男性	20代	大学生(1年)
T	男性	20代	社会人
N	女性	20代	大学生(2年)
Y	女性	20代	大学生(3年)
K	女性	20代	大学生(1年)

4.2　考察の枠組み

　対面授業に比べ、相互インタラクションの制限・機会が減少したオンライン授業について、学生は、何をどのように語り、自身や他者をどのように位置付けていたのかを考察する。本章では、Ungar（2004）の指摘を分析に取り入れ、構築主義的視点から、特にアイデンティティに着目して分析を行う。

　近年の社会構築主義やポスト行動主義の影響を受けたアイデンティティ研究を元に、アイデンティティを、コンテキストやトピックに応じて、参加者との相互行為によって構築される「位置付け」や「自己表示」として捉える。つまり、アイデンティティは、所与のものとしてではなく、談話の中で動的・相互行為的に構築されるもの、産物（product）ではなくプロセスとして考えられている（De Fine, Schiffrin, and Bamberg 2006）。Bucholtz and Hall（2005）は、アイデンティティは、直接カテゴリーに言及したり、その他のアイデンティティを暗示したり、あるグループや人物像を彷彿させるような言葉遣いをしたりするなど、直接的な言及というよりも複数の指標を通して示されることを指摘している。

　本章では、動的に構築されるアイデンティティの有様をとらえるために、

相互行為的社会言語学 (interactional sociolinguistics) (Holmes 2008) の手法を用い、オンライン授業についての語りの考察を進めた。

5.　語りの談話分析

　本節では、4節で紹介した若者がとったオンライン授業への対応策（①受動的に状況を受け入れる、②支援により困難に対応する、③主体的に行動し困難な状況を乗り越える）を手掛かりに、それぞれの対応策に関する語りの抜粋を紹介しながら考察する。

5.1　受動的に状況を受け入れる

　例1は、男性の大学生Sが、Sが抱くオンライン授業の印象を他大学に通う男性大学生のMに語っている場面である。

例1　〈人に聞けない〉
1　S ：大学の授業はそうですね、今もほぼオンラインで週1回行くかどうかぐらいなんで：
2　M ：(.) そうなんですね
3　S ：ほぼ家にいて、そのなんて言うんですかね、去年1年間ほぼオンラインやって、今年もオンラインなんで、コンピューターがしゃべるわけじゃないですか。音が、先生の音が入った＝
4　M ：＝はい
5　S ：コンピューターがしゃべるんで、なんですかね、授業の質ってさっき言ってくださったんですけど、それは確かに良くはないですし［：］
6　M ：　　　　　　　　　　　　　　　　　　　　　　　　　　　　［う］んうん
7　S ：配られたレジュメをコピーして先生の聞いてる音聞いてすぐ質問しようと思っても質問できないですし
8　M ：ああ、わかります
9　S ：まず (.) 学校に行かなければ友だちが増えないんで［：］

10　M：　　　　　　　　　　　　　　　　　　　　［う］んうん
11　S ：その：疑問点に思った点であったり何かなぞだなと思ったときに、人に聞け
　　　　　ないっていうか、状況にあるのかな
12　M：うんうん
13　S ：っていうふうに感じています

　語りの開始部で、「ほぼオンライン」「ほぼ家にいる」「去年1年間ほぼオ
ンライン」と繰り返し極限的な程度を示す副詞「ほぼ」(仁田2002)を使用
して発言している。「ほぼ」と極限的程度副詞を繰り返し使用することで(1
行目と3行目)、コロナ禍の1年間という長い時間社会への直接的な関わり
を隔絶され、人とつながる場がない彼自身の置かれている立場を強調してい
る。
　3行目では、オンライン授業のSの印象が、教師の講義を「コンピューター
がしゃべる(3行目)」「先生の音が入ったコンピューターがしゃべる(3行目
と5行目)」と、教師という人ではない「コンピューター」がしゃべると無
生物化し、対面授業にある教師との直接的つながりがない状況が表されて
いる。そのような状況の授業は、「授業の質って…、確かに良くはない(5行
目)」と否定的に評価されている。授業の質が良くない状況下でもSは、「配
られたレジュメをコピーして先生の聞いてる音聞いて」「すぐ質問しようと
思っても」(7行目)と、配られたレジュメを教師の指示に従いコピーし、授
業を聞く様子を描写し、また意志動詞「しよう」によって、自発的に即座に
質問する授業への態度を表し、積極的に授業に参加する学生というS自身
のアイデンティティを表出している。仮定逆説「AてもB」は、Aという状
況で通常行えていたことが行えない予期しない状況を示す。「質問しようと
思っても質問できないですし(7行目)」と「AてもB」の仮定逆説を使用し
たことで、授業で通常行えることができない予期していない状況に困惑して
いるSの立ち位置が示されている。それに対してMも「わかります(8行目)」
と共感を示し、M自身もSと同様の立場として位置付けている。
　さらに、Sは、9行目で条件文「XばY」で、「学校に行かなければ、友だ

ちが増えない」と述べ、学校に行かないことは、友達となる人間関係が構築できない必然的な条件であるというSの主観的な判断が示されている。そして、オンライン授業で学校にいかない状況では、「疑問に思った点であったり何かなぞだなと思ったときに、人に聞けない（11行目）」と、困った時に周囲に「人」がいない、Sの孤立化している立ち位置が表出されている。例1からは、オンライン授業という人とのつながりが制限される環境によって、受動的に孤立という立場に位置づけられたことが表されていることがわかる。

5.2　支援により困難に対応する

　例2では、Nと同じ学部のOBで社会人であるTが、大学2回生のNに、Covid-19で学校に通えない状況で、履修や大学システムなどにいかに対応したかを質問している。

例2　〈先生とクラサポ〉

1　T：それじゃ、なんですかね、履修とかは、正直僕が大学生のときとかは、なんか、やっぱりなんて言うんですか、普通に大学に行けてたからわかったりするじゃないですか

2　N：うん

3　T：大学の仕組みとか

4　N：うん

5　T：そういうのは、どうやって(.)なんて言うんですか(.)誰から聞いたとか(.)なんか友だちが結構いたりしたとか：先輩がいたとかやったら結構教えてもらえるけど：どうやってそういうのかって(.)やってたんかなと

6　N：なんか：1年のときって

7　T：うん

8　N：基礎演みたいなのって、ありません[でした？]

9　T：　　　　　　　　　　　　　　[はいはい]ありましたありました

10　N：なんか、基礎演は少人数グループやから

11　T：はい

12　N：先生がもう頑張ってやってくれるんですよ

13　T：ふーん

14　N：それで、クラサポさんがい［はるから :］

15　T：　　　　　　　　　　　　　［はいはいはい］

16　N：その先輩がいっぱいやり方［を］

17　T：　　　　　　　　　　　［う］ん

18　N：教えてくれて :、で、もう、そっからもう自分でシラバス見まくってやりましたhhh

19　T：hhhめっちゃ大変ですね。

20　N：あんなにシラバス見たことない

　1行目で、Tは、「僕が大学生のときは」と個人的な経験として、「普通に大学に行けてたからわかる」と大学に通えることが普通であり、そういう状態だから「履修とかは…わかる」と対応できたことが述べられている。5行目で、大学に行くことで「誰から聞いたり」と不特定の第三者や「友達が結構いたりしたとか先輩がいたとか結構教えてもらえるけど」と多様なリソース（不特定の第三者、友達、先輩）の情報源があり履修に関して対応できた背景を提供している。そして、オンライン授業で大学に行かない状態で、それら情報源が得られないNがどのように対応していたかが不確かであることを「（やってたん）かな」で示し、Nから情報を求めている。

　Nは、6行目と8行目で、Tが大学1年時に大学における学びの基礎を教える授業（基礎演習）があったかどうかを確認する。10行目で、基礎演習の授業の環境が「少人数グループ」という特徴を述べ、12行目「先生がもう頑張ってやってくれる」と、感情の副詞「もう」（Reynold 2016）で先生の行為「頑張ってやってくれる」ことを強調している。さらに教師の懸命に努力する行為を肯定的に捉えていることを「頑張る」を選択することで示し、「やってくれる」と「てくれる」を使用し、教師のその行為の受益者としてNを位置付けている。教師以外にも、Nは、支援を受けたことをクラサポ（ク

ラスサポーターの省略形)の先輩が「いっぱいやり方を教えてくれて(18行目)」と、十分に方法を教えるという行為の受益者としてNを位置付け述べている。それら教師やクラサポとのつながりから得られた支援をもとに、「自分でシラバスを見まくって(18行目)」と、「自分で」で主体的に、そして「まくる」でその行為を継続的に繰り返し行ったことを示している。

Tは、「大変だった(19行目)」とNの対応の姿勢を評価している。それに対して、Nは「あんなシラバス見たことない(20行目)」と経験したことがないほど何度も(あんなに<何回も>シラバスみたことない)その行為を行ったことを語り、TのNへの評価に同調する立場を表している。

オンライン上の教師やクラサポとのつながりから得られる情報提供の支援をもとに、自分自身にできる最大限のことをして困難に乗り切ったNの姿勢が示されている。この語りを通して、支援を得たことをきっかけに、Nは能動的に困難を立ち向かった者としてのアイデンティティを表出している。

5.3 主体的に行動し困難な状況を乗り越える

オンライン授業の授業を否定的に捉えるものがいる一方、少数ではあるがオンラインの授業を肯定的に捉える学生がいる。これを示す語りが例3である。

例3 〈先生と仲良く〉

1 K:大学2年生って一番なんか気楽に遊べるようなイメージを [:]
2 Y: [(頷き)]
3 K:なんかそれが本当にできなくなっちゃってそれはつらいな
4 Y:うんうん
5 K:と思うんですけど:この (.) なんかその自分の進路とか [:]
6 Y: [(頷き)]
7 K:なんて言うの学業とかに [は]
8 Y: [(頷き)]
9 K:特にその損したというか、困ったなっていうことは [なくて]

10 Y: [(頷き)]

11 K:むしろ、授業とかも、あの：その教室に通ってたときはやっぱ友だちと一緒に
　　受けてるから [:]

12 Y: [うんうん]

13 K:友だちと話してしまったり

14 Y:うんうん

15 K:集中がなかったら、もう、集中が切れちゃって授業を受けるのを台無しにし
　　てしまったりっていうことも [あったん] ですけど

16 Y: [うんうん]

17 K:オンラインがいろんな方法があって

18 Y:うんうん

19 K:例えばそのオンデマンドとか

20 Y:うんうん

21 K:後で受けられる授業とか

22 Y:うんうん

23 K:あと (.) それとのなんか (.) リアルタイムとのバランスを自分で考えながら

24 Y:うんうん

25 K:授業を受けれたりして、自分がもっと去年と比べて集中して授業を受けられ
　　るようになったなと感じた [り]

26 Y: [ほ:]

27 K:あと先生への質問とかがすごいしやすくなったので

28 Y:うんうん

29 K:なんか逆に先生と仲良くなれて

30 Y:うんうん

31 K:私的にはラッキーだったなっていうのが最初の1年ぐらいずっと続いてました

32 Y:ああ

　　Kは、オンライン授業に対して「損したというか、困ったなっていうこと

はなくて（9行目）」とし、肯定的な面について語っている。11行目から、対面とオンライン授業でのK自身の受講態度について対比して語られている。

　対面授業では、他の学生と時間や場の共有のため、一緒に授業を受けることによる弊害「友達と話してしまったり（13行目）」を否定的な態度を示す「しまう」(Suzuki 1999) を使用して自分自身の行動「友達と話す」を否定的に評価している。さらに、対面授業は時間に制約があるため、授業時間の間集中力が続かない自分自身を「集中がなかったら、もう、集中が切れちゃって授業を受けるのを台無しにしてしまったりっていうこともあったんですけど（15行目）」と「集中が切れちゃって」と「しまう」の短縮系「ちゃう」と「台無しにしてしまったり」と「しまう」を繰り返し使用することで、否定的に捉えていることが表されている。

　一方オンライン授業については、「いろんな方法（17行目）」があるとし、オンデマンドとリアルタイムの配分を「自分で考え（23行目）」と主体的に考慮し授業を受けていることが描写される。このように主体的に授業時間を配分することによって、「もっと」で「集中して授業が受けられる（25行目）」ことを強調し、自分の授業態度を肯定的に評価している。さらに、オンラインの環境が「先生への質問とかがすごいしやすくなった（27行目）」と肯定的に捉えている。「逆に先生と仲良くなれて（29行目）」と「逆に」で予測に反して、オンラインの環境で、良好なつながりを構築できていることを示している。この語りからは、主体的に考え、オンラインという環境の利点を最大限活用するだけでなく、教師とも積極的につながりを維持し、より良い人間関係を築いていることが示された。

　そのような状況に対し、31行目「私的には」と彼女個人の意見としながら、肯定的に捉え感謝している態度が、オンライン授業の状況で継続的に保たれたことが「ラッキーだったなっていうのが最初の1年ぐらいずっと続いてました」で表されている。つまり、Kは、Covid-19での変化を前向きに捉え、主体的に変化に対応するものとしてのアイデンティティが示している。

6.　おわりに

　本章では、相互行為的社会言語学の手法を用いて、オンライン授業の語りに見られる学生の抱える問題と学生の位置付けについて考察した。その結果オンライン授業の語りからは、「対面授業」というものを通じて自然に得られてきた人とのつながれる「場」をなくしたことと、対面とは異なるコミュニケーションの形態でのつながりについて共通して語られていた。

　語りの考察から、環境の急激な変化に直面する状況で、他者との関係性からいかに自己を位置付けているかによって、オンライン授業への対応が異なることが明らかになった。オンライン授業の変化に伴い、人とつながれる「場」がないことと、オンライン授業のインタラクションの機会の減少や制限を受動的に受け入れたSは、孤立化し、必要な情報にアクセスできない状況に追いこまれていた。Nは、オンライン授業で、インタラクションの制限がある状況でも、教師やクラスサポーターなどとつながれる環境が得られ、つながりから適切な支援を受け能動的に必要な情報を収集しオンライン授業の状況にうまく適応していた。Yは、つながりに制限があるオンラインの環境の利点を最大限に活かし授業を能率的に受けるだけでなく、教師と直接つながれない環境でも、自分自身で積極的に教師とのつながりを求め、より良いつながりを構築していた。

　考察を通して、人とつながれる「場」を無くした状況で、自分がアクセス可能なコミュニケーションツールを有効的に利用できたか、そして人的リソースにアクセスできていたかの2点が、変化にうまく対応できたかどうかを左右していることが明らかになった。近年のレジリエンス研究では、構成員間・構成員を取り巻く人たちのつながり（信頼・協調的関係）が、レジリエンスを高める重要な要素である可能性が指摘されてきている（佐藤 2020）。レジリエンス研究から指摘されるように、今回の分析結果からも「つながり」がレジリエンスの発揮の左右に影響していることが示された。本章の考察により、「つながり」を築くためには、利用可能なコミュニケーションツールを利用して「主体的につながろうとする」ことも大切であるが、利用可能

なコミュニケーションツールを利用してつながれない人を「つなげる」ための環境面や制度面の支援も考えていくことが重要であることがわかった。

　21世紀は、貧困・気候変動・紛争などこれまでなかった課題に直面している。持続可能な社会を目指し、一人ひとりが行動を変容させても、今後起こる事態を予測することは不可能である。そのため、21世紀はVUCA時代 (Volatility（変動性）Uncertainty（不確実性）Complexity（複雑性）Ambiguity（曖昧性））と言われる（佐藤2020）。このような時代を生き抜くためには、不測の事態に最適に対応できるレジリエンスを高めることが必要である。

　本研究や最新のレジリエンス研究から、レジリエンスの発揮には、様々なひとびととの「つながり」が重要なことが示唆されている。つながりは、コミュニケーションによって築かれる。しかしながら、従来のことばの教育は、文法や語彙の習得中心であり、いかにコミュニケーションによってつながりを築くかにはあまり重点をおいてこなかった。加えて、現在、テクノロジーの発展で、多くの利用可能なコミュニケーションツール（電子メール・ライン・ビデオ会議など）があるが、多くのことばの教育の現場では、多様なコミュニケーションツールによるコミュニケーションについては実践の機会を十分に与えていない。さらに、従来のことばの教育は、異なる言語話者との「つながりの実現」は、教育対象としてきたが、同じ母語を共有する話者との「つながりの実現」については、母語話者同士であれば誰しもが可能であるとして、教育対象として捉えられてこなかった。

　VUCA時代を生きる次世代を担う学生たちにとっては、利用可能な多様なコミュニケーションツールを駆使し、つながりを築くコミュニケーション能力がより重要な能力になる（當作2016）。オンラインコミュニケーションの実践報告では、オンラインコミュニケーションに参加する機会を与えることによって、参加者は、オンラインコミュニケーションの制限を理解し、適切にそして円滑にコミュニケーションする方略を習得しコミュニケーション能力を向上することが報告されている（岩崎2019、尹2003、2004）。これからのことばの教育は、対面コミュニケーションによる「つながり」の構築はもちろんのこと、利用可能な多様なコミュニケーションツールを用いたコ

ミュニケーションを通じても「つながり」を築ける教育に重点をシフトすることが重要ではないだろうか。

注

1　考察に用いた語りは、2021 年 6 月〜 9 月に収録した。

参考文献

岩崎浩与司 (2019)「テレコラボレーションにおける対話環境の構築―ウェブ会議システムを 使った日本語対話の実践から」『e-Learning 教育研究』13: pp.29–41.

小塩真司・中谷素之・金子一史・長峰伸治 (2002)「ネガティブな出来事からの立ち直りを導く心理的特性―精神的回復力尺度の作成」『カウンセリング研究』35: pp.57–65.

齊藤和貴・岡安孝弘 (2009)「最近のレジリエンス研究の動向と課題 」『明治大学心理社会学研究』4: pp.72–84.

齊藤和貴・岡安孝弘 (2010)「日本におけるレジリエンス 尺度の特徴とその利用可能性」『明治大学心理社会学研究』6: pp.73–88.

佐藤真久 (2020)「"VUCA 社会" に適応した持続可能な社会づくりに求められる能力観」佐藤真久・北村友人・馬奈木俊介 (編)『SDGs 時代の ESD と社会的レジリエンス』筑波書房

杉原真晃 (2005)「遠隔授業におけるコミュニケーションの特徴と学生の学びの検討―KNV 実践の分析を通して」『京都大学高等教育研究』11: pp.67–81.

當作靖彦 (2016)「グローバル時代の日本語教育―つながる教育、社会、人、モノ、情報」『CAJLE Annual Conference Proceedings』<http://www.cajle.info/wp- content/uploads/2016/09/CAJLE2016Proceedigns_01_TohsakuYasuhiko.pdf> 2021.3.1

中井陽子 (2003)「言語・非言語によるターンの受け継ぎの表示」『早稲田大学日本語教育研究』3: pp.23–39.

中井陽子 (2006)「日本語の会話における言語的／非言語的な参加態度の示し方―初対面の母語話者／非母語話者による 4 者間の会話の分析」『早稲田大学日本語研究教育センター紀要』19: pp.79–98.

仁田義雄(2006)『副詞的表現の諸相』くろしお出版

平野真理・綾城初穂・能登胖・今泉加奈江 (2018)「投影法から見るレジリエンスの多様性―回復への志向性という観点」『質的心理学研究』17: pp.43–65.

福永厚・渡辺理・勝山恒男 (1993)「テレビ会議コミュニケーションの評価」『Human Interface シンポジウム論文集』9: pp.29–36.

松山博明・土屋裕睦(2015)「海外派遣指導者の異文化体験とレジリエンス―アジア貢献事業による初めて赴任したサッカー指導者の語りから」『スポーツ産業学研究』25(2): pp.231–251.

村木良孝 (2016)「レジリエンスの統合的理解に向けて―概念的定義と保護因子に着目して」『東京大学大学院教育学研究科紀要』55: pp. 281–290.

山崎敬一・三樹弘之・葛岡英明・山崎晶子・加藤浩・鈴木栄幸(2003)「身体と相互性―ビデオコミュニケーション空間における身体の再構築」原田悦子(編)『使いやすさの認知科学―人とモノの相互作用を考える』pp.75–98. 共立出版

尹智鉉(2003)「ビデオ会議システムを介したコミュニケーションの特徴―ストラテジー使用による日本語学習者の言語管理」『早稲田日本語教育研究』2: pp.245–260.

尹智鉉(2004)「ビデオ会議システムを介した遠隔接触場面における言語管理―『turn-taking』と処理過程をめぐって」『世界の日本語教育』14: pp.35–52.

Bucholtz, Mary, and Hall, Kira (2005) Identity and interaction: A sociocultural linguistic approach. *Discourse Studies* 7 (4–5): pp.585–614.

De Fina, Anna E., Schiffrin, Deborah E., and Bamberg, Michael E. (2006) *Discourse and Identity.* Cambridge University Press.

Holmes, Janet (2008) *An Introduction to Sociolinguistics.* 3rd ed. London: Longman.

Masten, Ann S. (2001) Ordinary magic: Resilience processes in development. *American Psychologist* 56(3): pp.227–238.

Martin Andrew J. and Marsh Herbert W. (2006) Academic resilience and its psychological and educational correlates: A construct validity approach. *Psychology in the Schools* 40(3): pp.267–281.

Suzuki, Ryoko (1999) Language socialzation through morphology: The affective suffix-*CHAU* in Japanese. *Journal of Pragmatics* 31: pp.1423–1441.

Reynolds, Kazue Akiba (2016) Pragmatic particle "moo" in Japanese-Between mind and heart-. *Kotoba* 37: pp.72–94.

Ungar, Michael (2004) A constructionist discourse on resilience: Multiple contexts, multiple realities among at-risk children and youth. *Youth & Society* 35(3): pp.341–365.

Ungar, Michael (2008) Resilience across cultures. *British Journal of Social Work* 38: pp.218–235.

Ungar, Michael (Ed.) (2021) *Multisystemic Resilience: Adaptation and Transformation in Contexts of Change.* USA. Oxford University Press.

ウェブサイト

文部科学省 (2020)「令和 2 年 5 月 1 日中央教育審議会 新型コロナウイルス感染症対策としての学校の臨時休業に係る学校運営上の工夫について（通知）」https://www.mext.go.jp/content/20200501-mxt_kouhou02-000004520_2.pdf（最終アクセス日：2022 年 2 月 19 日）

トランスクリプト記号一覧

[	重なり
=	密着
( )	聞き取り困難な箇所
(.)	沈黙
?	上昇調のイントネーション
↓	下降調のイントネーション
:	長音
h	呼気

謝辞

本研究は、科研費 22H00660（2022 ～ 24 年度）基盤研究 (B)「COVID-19 とデジタルネイティブ世代—多言語による語りの収集と分析」（代表　村田和代）の研究成果の一部である。

第 2 部
コロナ禍で急速に広まったオンライン教育によって
わかった新しい可能性

大学における一般教養の英語授業がめざすべきものは何か？

横溝紳一郎

キーワード　Social Networking Approach、つながり、Community Language Learning、異文化間コミュニケーション

1.　はじめに

　小学校・中学校・高等学校では、学習指導要領によって教えるべき内容が明確に定められ、使用する教科書は「教科書検定」に通ったものの中から採用されることになっており、このことは英語を含む外国語教科にも当てはまる。これに対し大学では、教える内容や使用する教科書の選定についての基準は明確なものがないことが多い。TOEIC対策講座のような授業であれば、○○点という目標を立て、それを達成することをめざして授業をデザイン・運営すればよいのであるが、いわゆる「一般教養の英語」科目の場合、そのような達成目標は立てにくいであろう。それが原因なのか、一般教養の英語科目では、「達成目標としてどのような力をつけるのか」が明確でない場合が多く、（大学入試が終わり、これ以上英語を学ぶ理由を特に持っていない）学生にとっては、「いったい何のための英語の授業なのか」「大学生になってまで、英語を続けて学ぶ必要があるのか」等の感情が生まれることになる。本章は、一般教養英語のある授業における試行錯誤をまとめた実践報告である。

2.　授業デザインと運営

2.1　達成目標の設定

　教える内容や使用する教科書の選定の基準が時になく授業担当教員に任されている状況であれば、「達成目標としてどのような力をつけるのか」をまず明らかにしなければならないだろう。その理論的枠組みとして、「ソーシャルネットワーキングアプローチ (Social Networking Approach、以下 SNA)」を採用することにした。同アプローチの提唱者である當作靖彦氏は、2020 年 2 月 22 日の西南学院大学での講演で以下のように述べている。

　　　「つながり」の内容が大きく変わってきています。20 世紀までは、つながる相手が家族や友だちや同僚などの限定的な人々でした。これが 21 世紀になると、ツイッターやフェイスブックの例でも分かるとおり、つながる相手は限定的ではなくなり、知らない人とつながることも当たり前になっています。こんな世の中ですから、多様な人々とつながる能力、そして多様な文化とつながる能力が必要不可欠になるんです。こういった能力を伸ばすのは、まさに外国語の授業なんです。

　このお話を伺った時に、真っ先に思いついたのが「よく知っている人同士では話し続けることができるのに、あまり知らない人に対しては話しかけることすらできない学生」や「あまり知らない人とは会話がうまく継続できない学生」のことだった。私自身は「日本語でうまくできないことは、外国語でもうまくできない」と考えているので、学生たちの「英語を使ってつながる能力」は高くないと予想した。これらのことから、本実践の到達目標を「英語を使って、多様な人々や文化とつながる能力を伸ばすこと」と設定した。

2.2　授業の構成

　上記の目標を達成するために、授業を二部構成にすることとした。

2.2.1　1分間トーク

　多様な人々とつながる能力を伸ばすためには、できるだけたくさんの人と
コミュニケーションをする場が必要である。どのような教室活動がいいか考
えていた時に、Community Language Learning（以下、CLL）[1]で修士論文を
書いていた頃に行っていた Pair Group Conversation を思い出した。同活動
について、横溝(1996: 90)は以下のように述べている。

1. クラス全体を2列に並ばせ、1対1のペアを作り、向かい合うよう
   に座らせる。クラス全体の学習者数が奇数で、1人ペアを作れず余
   る場合は、3人のグループを1つ1番端に作らせる。
2. 教師は、向かい合って座っているペア同士で会話を行うように指示
   し、制限時間(通常3分)を与える。
3. 教師は、学習者が語彙や文型に関して助言を求めた時に助けられる
   ように、ゆっくりと学習者の背後を歩きながら全体に注意を配る。
4. 制限時間になったら、教師は会話の終了を伝え、学習者全員を立ち
   上がらせ、1席、左にずれるように指示し、移動が完了したら着席
   させ、新しく3分間の会話を行うように伝える。
5. 2～4のプロセスを繰り返し、教師は自分で決定した回数(通常3回)
   だけ会話が行われた後、この教室活動の終了を宣言する。

図1　**Pair Group Conversation**（横溝 1996: 90）

　今回の実践では、以下のようなアレンジを加えた。

1.　3名のグループは作らず、1人余った学生のペア役は教師が務める。
2.　制限時間は1分とする。（時間はタイマーで掲示）
3.　1人が1分間話しているときは、もう1人は聞き役に徹する。1分経ったら、話し手と聞き役の役割を交代し、1分間トークを再開する。
4.　教師の支援（助言）は行わない。

　アレンジ2であるが、話し続ける限界がおそらく1分程度であろうと推測したためである。アレンジ3を行った理由は、どの学生にも平等な発言時間を与えるためである。アレンジ4の理由は、「うまく言えないことが出てきても、自分が知っている英語で何とかしよう」という態度を涵養するため、そして「これって、どう言えばいいんだろう」と感じることで、積極的な調べ学習が生じることを期待したから、である。

2.2.2　異文化間コミュニケーションについての授業

　多様な文化とつながる能力を伸ばすためには、「異文化間コミュニケーション」について学ぶことが最適だろうと判断した。幸い前任校で8年間、異文化間コミュニケーションの授業を担当していたので、その内容をほぼオールイングリッシュで行うこととした。教科書選定に当たっては、5～6社の教科書を慎重に吟味した結果、『Speaking of Intercultural Communication』（南雲堂）を採用した。今回の実践では、以下のようなアレンジを加えた。

1.　教科書の予習を禁じる。
2.　教科書に入る前に、教科書の内容に関係のある映像を視聴する。
3.　教科書のリーディングの部分は、①音声のみを流し、聞き取れた内容をペアで共有、②音声を流しながらリーディング部分に目を通し、聞き読み取れた内容をペアで共有、③T/F問題を各自解き、回答をペアで共有、④T/F問題の解答を提示、という流れで進める。
4.　教科書のディスカッションの部分は、Think → Pair → Share で進める。

　毎回の授業で、パワーポイントのスライドデータを作成し、教科書との組み合わせで授業を進行した。その中で、英語の映像データも数多く使用した。映像データを利用した理由は、学生の集中力が増すこと、そして「映像の内容が理解できた」という気持ちを持たせたかったからである。映像は、数多い YouTube 映像の中から、分かりやすさと情報の正しさに基づいて教員が選定し、授業の流れの中で適宜、上映した。パワーポイントのスライドデータの中に、3 択問題や自分の意見を持たせる発問を数多く組み入れ、なぜそのような選択になったのか／意見を持っているのか、についてディスカッションする機会を提供した。このように、「初見の内容を、英語で理解すること」「理解した内容を、学生同士で確認すること」「お互いの考えを共有すること」を基本として、授業を行うことにした。

2.3　授業後の課題

　CLL は、ふり返り（Reflection）を重視する。ふり返りによって「各学習者は自分の学習プロセス及び各教室活動をより意識的に認識し、目標言語を学習するだけでなく、その学習法を学習する（learn how to learn）ようになる」（横溝 1996: 83）からである。CLL でのふり返りは通常「各学習者が自分のふり返りを記述し、担当教員がそれを読む」という形式で行われるのである

図 2　学生が Padlet に提出した課題の例

が、本実践では「各学生が『授業での学び』を、授業後 3 日以内に、100 語以上の英語で Padlet 掲示板に提出する」という形式を採用した。Padlet 掲示板を使用したのは、各学生の学びが全て掲示板に載るため、学生同士でお互いの英文を読み合うだろうと予想したからである。「自分が書いた英作文が他の学生にも読まれる」という状況を作り出し、学生の責任感がより増すことだけでなく、「○○さんはこんなことを学んだ」という情報の共有が進み、学生間のつながりが広がり深まることを期待したのである。

　Padlet 課題の内容は、「その日の授業での『学び』」であった。「学び」をどう捉えるかは様々なので、「『学ぶ』とは『何かに気づき、自分が変わること』」という前田（2016: 22）の定義を紹介し、「『気づき』によって変わるのは、『意識』『態度』『言動』です」と付け加えた。

3.　授業の展開

3.1　1 回目の授業：オリエンテーション

　1 回目の授業では、以下のことを行った。
- ・自己紹介（学生同士の自己紹介のあと、教員の自己紹介）
- ・科目の到達目標、授業のデザイン・運営方法の説明
- ・1 分間トークの体験（1 回目は日本語で、2 回目は英語で）
- ・Padlet 課題の体験

3.2　2 〜 4 回目の授業

　2 回目の授業は、当初の予定通り、1 分間トークを 3 回行った後、「Communication and Culture」をトピックとして進めたのであるが、学生たちの多くが自信なさそうにしていることに気がついた。授業後提出した Padlet 課題を読んでみると、大部分の学生が、英語レベルに関わらず、リスニングとスピーキングに苦手意識を持っていることが分かった。しかも、「聞くのが苦手だから、できるように頑張ります」や「話すのが苦手だから、話せるように頑張ります」などの決意表明がとても多く見られたことから、

「『どう頑張ればよいのか』が分かっていない学生が多数いるのだろう」と結論づけた。そこで、3回目と4回目の授業では、以前教えたことがある『英語科教授法』の内容に基づいて、リスニングとスピーキングに焦点を当て、具体的な「学び方」を紹介することとした。

3.3　5回目の授業：通常の授業の再開

5回目の授業は、当初予定した構成で行った。

1. 「これまで学んできた英語を最大限活用して、自己表現しよう！」をスローガンに、1分間トークを3回。
2. 英語を通して、異文化間コミュニケーションを学ぶ。
3. 授業後、学びの作文を提出(100語以上)。

3回目と4回目の授業の効果があったのか、1分間トークでは、間違いを恐れずに英語で話し続ける学生が大多数であった。

図3　間違いを恐れずに英語で話し続ける学生たち

3.4　6回目〜10回目の授業：オンライン授業

授業運営がようやくうまく回り始めた直後に、新型コロナウイルス感染症の拡大のため、緊急事態宣言が発動され、授業が全てオンラインに切り替わることになった。「せっかくうまく回り始めたのに…」と少し落胆したが、「こういった状況でも、学生の学びを最大限にしなければ」という気持ちに

切り替え、授業のデザイン・運営方法を見直すことにした。Zoomを活用して授業を進めることにして、以下の工夫を行った。

1. ブレイクアウトルームでの話合いを多用。
2. 教材の拡充を図る。
3. できるだけ「ビデオ・オン」で参加することを依頼。

　ブレイクアウトルームでの話合いを多用したのは、学生（1年生）同士がつながる機会をできるだけ確保したかったからである。そして、ブレイクアウトルームのペア・グループのメンバー選定はコンピューターに任せたので、ほぼ毎回違うメンバー構成になっていた。これも、できるだけ色々な学生同士がつながる機会を増やしたかったからである。また、制限時間を伝えブレイクアウトルームで話し合っている最中は、教師はブレイクアウトルームにはあえて入っていかないことにした。学生同士がつながる時間を、教師の介入によって妨げないためである。教材の拡充を図ったのは、オンライン上の授業では、映像教材の使用がプラスに働くと考えたからである。教科書の内容に関連した映像を効果的に組み入れることで、学生の集中力の増加を期待した。学生には、「この授業はコミュニケーションの授業なので、みなさんのお顔を見ながら授業を行いたい」と伝え、できるだけ「ビデオ・オン」で参加するように促した。有難いことに、全ての学生がこの申し出に快く協力してくれた。

　教科書や映像教材を使って、異文化間コミュニケーションの内容を学ぶときは、「初見の英語を読み／聞き／視聴し、大切な部分を理解する練習」を多用した。その中で、Think ⇒ Pair ⇒ Share形式を採用し、「自分一人⇒ペア⇒グループ」という段階で理解促進を図った。これは、「何とか理解しよう」という姿勢を継続・発展させたいと考えたからである。加えて、「分からない、無理だ」と途中であきらめてしまう学生が出ないように、「大丈夫！そのうちできるようになるから。」ということばがけを継続した。

　かなりの緊張感を持って臨んだZoomによるオンライン授業であったが、

学生たちには意外と好評だったようである。例えば、第 1 回目の Zoom 授業後の Padlet 課題では、こんな記述をした学生がいた（以下、学生のコメントは全て原文ママ）。

> I really really enjoyed last lesson on Zoom. It was so exciting for me make a pair with new people at random and have a friendly conversation with them through discussing answers of questions Mr. Yokomizo threw.

また、マスクをしたまま参加しないといけない対面式授業との比較で、「Zoom でのオンライン授業だと、顔を見ながら話せるのが嬉しい」というコメントも見られた。

> In this lesson, I experienced online lesson by zoom for the first time. Because of that, I talked with many people without a mask. I'm sure that I could not do it in the classroom. And I thought it is important to talking with them watching their faces because I can know how they feel about I saying.

正直予想していない反応だったので驚いた。それと同時に「お互いの顔を見ながら話をする」という当たり前のことができずに辛い思いをしている学生たちに、「つながっている」という気持ちを何とか持たせてやりたいと強く思った。

3.5　11 回目〜 15 回目の授業：対面授業

緊急事態宣言の解除に伴い、対面授業を再開することができた。学期の前半部分の対面授業の時よりも、コミュニケーションを取り合っている学生が増えたように感じた。Zoom によるオンライン授業の期間中にたくさんの学生と話す機会が持てたためなのか、久しぶりに会えたためなのかは分からないが、学期の終わりまで、学生たちは集中して授業に取り組んでいた。

　そんな学生たちを見ながら、「英語そして英語学習を好きになってほしい」という気持ちが自分の中で強くなってきていることに気がついた。「生きていくうえで基本となる行為については、『まず好きになる』ことが大切であって、それが『上手にできる』とか、『正しくできる』のは、好きになった後でよい」（田中 2011: 77）ということばを思い出した。久しぶりに大学で英語を教えてみて感じたのは、小学校から大学に入るまでかなりの期間英語を学んできたにもかかわらず「英語が全然できない」「英語に自信がない」、そして「英語が嫌いだ」「英語を勉強することは苦痛だ」と考えている日本人の学生は想像以上に多そうだということ、そして、こういった傾向が高めの英語レベルに到達している学生にも見られるということである。「学習者が英語を好きになる」ことを大目標として据えた上で、授業をデザイン・運営したいという気持ちが次第に強くなっていた。

4.　アンケート調査

4.1　アンケートの内容

　上記の英語授業の成果と課題を知るために、学期末の 15 回目の対面式授業で、学生に対してアンケート調査を実施した。アンケート用紙は、7 段階評価と自由記述の 2 部構成とした。7 段階は、以下のように設定した。

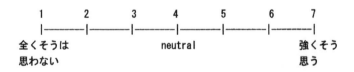

　質問内容は「1. ペアとの 1 分間トークは、楽しかったですか／難しかったですか／役に立ちましたか」「2. 異文化間コミュニケーションの授業は、楽しかったですか／難しかったですか／役に立ちましたか」「3. Padlet によるふり返り活動は、楽しかったですか／難しかったですか／役に立ちましたか」「4. クラスメイトとのつながりは、広がりましたか／深まりましたか」

「5. 多様な文化とのつながりは、広がりましたか／深まりましたか」「6. 学期開始前と比べて、英語が上手になったと思いますか／好きになったと思いますか」「7. 授業担当教員への意見・コメントがあればお書きください」であった。

4.2　アンケートの結果

4.2.1　ペアとの1分間トークについて

楽しさ／難しさ／役立度は、以下の結果であった。

表1　ペアとの1分間トークの楽しさ／難しさ／役立度

楽しさ							難しさ							役立度						
1	2	3	4	5	6	7	1	2	3	4	5	6	7	1	2	3	4	5	6	7
0	1	0	0	3	13	10	0	2	0	7	8	7	3	0	0	0	0	4	4	19

この質問に関しては、以下のような自由記述がみられた。

- 最初は話すのに緊張していたけれど、だんだん「とりあえず話してみる」という気持ちが出てきて、話すことがうまくなったと思います。
- 初めは全然ことばが出て来なくて、話すのが大変でしたが、回を重ねるうちに以前より自然とことばが出てくるようになりました。

その一方で、以下のようなコメントも見られた。

- 何かイベントがあったら話すこともたくさんあって話せたけど、何もなかった時に1分間話し続けるのは、とても長く感じた。

4.2.2　異文化間コミュニケーションの授業について

楽しさ／難しさ／役立度は、以下の結果であった。

表 2　異文化間コミュニケーションの楽しさ／難しさ／役立度

楽しさ								難しさ								役立度					
1	2	3	4	5	6	7		1	2	3	4	5	6	7		1	2	3	4	5	6	7
0	0	0	0	1	5	21		2	0	3	9	7	4	2		0	0	0	0	3	5	19

この質問に関しては、以下のような自由記述がみられた。

・英語も異文化も学べる、一石二鳥の今までにない授業でした。
・非常にためになる内容で面白く、様々な角度からモノを見ることができるようになった。
・価値観の違いを受け止める大切さ、面白さ、視野を広く持つことの重要さが理解できた。

その一方で、以下のようなコメントも見られた。

・字幕なしの動画を理解するのが難しかったけど、自分で英語を理解する癖がつき、リスニングが前よりできるようになった気がします。

4.2.3　Padlet によるふり返り活動について

楽しさ／難しさ／役立度は、以下の結果となった。

表 3　Padlet によるふり返り活動の楽しさ／難しさ／役立度

楽しさ								難しさ								役立度					
1	2	3	4	5	6	7		1	2	3	4	5	6	7		1	2	3	4	5	6	7
0	0	5	9	6	6	1		0	1	0	4	17	5	0		0	0	0	0	5	7	15

この質問に関しては、以下のような自由記述がみられた。

・自分の考えを英文化するのは簡単ではなく、心の底から楽しい！とい

うわけではありませんでしたが、学びをふり返ることで、自分の今まで
での経験を思い出し照らし合わせることができ、目標ややりたいこと
が見え、少しずつ自分の中の意識が変わっていくのが分かりました。

・100語は少なそうに見えて意外と量があったので、最初の方は少し難
しかったです。だんだんと慣れていくうちに、自分が授業を通して考
えたこと等をすらすら書けるようになったので良かったです。

その一方で、以下のようなコメントもみられた。

・提出期限の通知が来ないので、何度も忘れてしまいました。

4.2.4　クラスメイトとのつながりについて

クラスメイトとのつながりの広がり／深まりは、以下の結果となった。

表4　クラスメイトとのつながりの広がり／深まり

広がり							深まり						
1	2	3	4	5	6	7	1	2	3	4	5	6	7
0	0	0	0	5	7	15	0	0	0	2	4	11	10

4.2.5　多様な文化とのつながりについて

多様な文化とのつながりの広がり／深まりは、以下の結果となった。

表5　多様な文化とのつながりの広がり／深まり

広がり							深まり						
1	2	3	4	5	6	7	1	2	3	4	5	6	7
0	0	1	1	5	9	11	0	0	1	1	4	9	12

クラスメイトとのつながりと多様な文化とのつながりは、自由記述をする
箇所を1つに統合していた。以下のような自由記述がみられた。

・人見知りなので不安でしたが、みんなが積極的に話しかけてくれたおかげで、自分からも話しかけてみようという意識が芽生え、仲良くなれました。自分と違う考えをする人の話を聴くのが楽しかったです。
・オンライン授業になって、Zoom でのランダム・ペア振り分けの1分間スピーチや意見交換のおかげで、たくさんの人と仲良くなれました。
・席替え制度がよかったです。もう少し頻度を増やしてもいいかも。

ネガティブなコメントは1つも見られなかった。

4.2.6 英語が上手になった／好きになったと思うかについて

英語が上手になった／好きになったと思うかは、以下の結果となった。

表6 英語が上手／好きになったか

上手							好き						
1	2	3	4	5	6	7	1	2	3	4	5	6	7
0	0	0	4	11	8	4	0	0	0	1	7	9	10

この質問に関しては、以下のような自由記述がみられた。

・以前は苦手だった speaking と writing の力がついてきたと感じます。
・以前は文法ばかり気にして話すのが苦手だったが、失敗の繰り返しが上達につながることを知り、もっと積極的に話していこうと思った。
・英語を話すことはまだ上手になったとは言えませんが、今までよりもずっとずっと好きになりました。うまくなりたいと強く思いました。

その一方で、以下のようなコメントも見られた。

・英語は前から好きだったので、楽しく学ぶことができましたが、文法や単語などは、受験期より少し衰えてしまったのかなと思います。

4.2.7　授業担当教員（横溝）への意見・コメントについて

この質問に関しては、以下のような自由記述がみられた。

・私の学部は英語の教員にはなれませんが、先生のような英語の先生に
　なりたいと強く思ってしまったではないですか。（笑）本当に私たちに
　英語と異文化間コミュニケーションの魅力を伝えてくださいました。
・高校までの英語は、点を取るための科目という感じでした。この授業
　では、話す機会がたくさん与えられて、異文化コミュニケーションに
　ついても学べたので、とても新鮮で多くのことが学べたと思います。
・先生の文法的な注意もなく、クラスメイト間で 1 分間トークの時間が
　あったので、間違いを恐れなかったし、楽しく英語が話せました。

5.　調査結果に関する考察と今後について

　本実践の到達目標は、「英語を使って、多様な人々や文化とつながる能力
を伸ばす」こと、そして「英語そして英語学習を好きになってもらう」こと
であった。上記のアンケート調査の結果を踏まえると、これらの目標は「か
なり達成できたのではないか」と結論づけられそうである。しかし、1 つの
課題が浮上してきた。それは、スピーキング／ライティングに関して「間違
いを恐れず、自分の思いや考えを声に出す」ことには抵抗がなくなった一方
で、「誤り」が頻出するようになったことである。その「誤り」に対するト
リートメントをどうするかが悩ましく思えたのである。この悩みの解決方法
を考えている中で、CLL の「成長の 5 段階」理論を思い出した。成長の 3
〜 4 段階は以下のとおりである(横溝 1996: 84)。

　3.　自分たちだけで目標言語のみを使い会話することを望み、教師の干渉
　　　や助力を拒否する。
　4.　学習者は自立しているが、教師と自分たちの間の知識の差は十分に認
　　　識していて、批判を受けたり訂正されたりすることに反発はしない。

　「今回の実践で『話すことに抵抗がなくなり、誤りを気にせずに話している』という学生たちの状態は、成長の第3段階なのかもしれない」と考えると、CLLの理論上は当たり前で自然な状態と捉えられる。そして、その状態に満足できなった学生は、自然と次の「教師の訂正（トリートメント）を積極的に快く受け入れる状態」へと移行するはずである。この考えの妥当性は、学生たちの今後の変容を追調査しなければわからないが、同じ学生たちを実際に教える機会に恵まれることは、残念ながら今後はないであろう。

　本実践を通して、小学校から大学入学までの英語学習を通して「英語が全然できない」「英語に自信がない」「英語が嫌いだ」「英語を勉強することは苦痛だ」と考える学生を多数作り出している大きな原因の1つが、彼らが発出する英語への教師のトリートメントではないかと考えるようになった。今後の実践を通して、この仮説の妥当性を明らかにしていきたいと思う。

　前田（2016）はレジリエンスを「困難から立ち直る力」として、「成長には変化が必要だ」と主張している。コロナ禍による教育環境の大きな変化を前向きに捉えることは決して容易いことではないが、それを乗り越えることで教師のレジリエンスは大きく高まると考えたい。これからも本実践のような試行錯誤の繰り返しによって、教師として成長し続けたいと心から思う。

注

1　心理学者カランが提唱した、カウンセリングに基づく外国語教授法。詳しくは、横溝（1996）を参照。

参考文献

田中茂樹（2011）『子どもを信じること』さいはて社

前田康裕（2016）『マンガで知る教師の学び―これからの学校教育を担うために』さくら社

横溝紳一郎（1996）「CL/CLL（コミュニティ・ランゲージ・ラーニング）」鎌田修・川口義一・鈴木睦編著『日本語教授法ワークショップ』pp.82–103. 凡人社

オンライン授業における
英語実践からの学び
多文化とインタラクション

吉田悦子

キーワード　学習者中心、対話、異文化間コミュニケーション、ELF 、CELTA

1.　はじめに

　コロナ禍で多くの活動が急速にオンラインに移行し、対面を基本とした語学教育もリモート授業が中心となった。本章では、ノンネイティブの英語教師と、母語や文化的背景が異なる英語学習者という非対称的な関係の中で行われるオンライン模擬授業という活動において、異文化間コミュニケーションが、レジリエンスの実践として捉えられることを指摘する。

　一般的に、レジリエンスとは、逆境や困難が訪れても、自律的に立ち直ることのできる強さや柔軟性のことを指している。近年、レジリエンスの概念は、様々な分野で議論されているが、都市や地域の社会システムと人間との関係をつなぐ「適応性」「協調性」「回復性」「柔軟性」等を重視し、地球と人類社会の持続可能性を高めるためのキーワードと捉えられている（ロックストローム＆クルム 2018）。一方、教育分野では、「持続可能な開発のための教育（ESD）」のアプローチにおいて、こうした「社会的レジリエンス」を重視し、地球規模で起こっているさまざまな課題を日常生活レベルから捉え直し、社会システムのあり方を批判的に考察し、解決に結びつけるための自律的思考を鍛えることに活路を見出そうとしている（佐藤・北村・馬奈木 2020）。そして、領域を超えて共通している視点は、逆境に立ち向かい、困難を克服するというよりは、逆境を緩やかに受け止め、変化に対応しなが

ら、新たな局面を切り拓いていく行動力に焦点を当てている。そして、その行動のための原動力は個人の力によるものではなく、他者との関係性において、双方が影響し合いながら持続的に形成されるものであるという点が重要であろう。さらに、教育的視点からのレジリエンスは、大人よりも子どもに焦点が当てられることが多いが、つながることの重要性が指摘されており（深見 2020）、「関係性のレジリエンス（'relational resilience'）」（Jordan 2012）として定義される。したがって、必要に応じて学びの機会を提供する生涯教育の立場からも、レジリエンスの必要性は年齢や世代を問わず、むしろ世代を超えて広く学びを通したコミュニティの形成に関与する。そして、レジリエンスは国や地域、文化も超えて、背景の異なる人と人とのつながりを紡いでいく忍耐強さも備え、そこには生涯を通して変容を受け入れながら適応していく柔軟性も含まれてくるだろう。

　こうした視点から、本章では、通常の対面授業からオンライン授業に切り替わった際に課題となる学習者中心を基軸とする授業活動と、授業という協働作業を通して構築される学習者と教師の関係性に焦点を当てる。とりわけ、多文化・多言語の背景をもつ英語学習者が、それぞれの目的に応じて学ぶオンライン環境や学習状況に対してどのように適応しているのか、インタラクションの観察を通して、教師の視点、学習者の視点の双方から分析を行う。特に、対面では当然であった共在性という感覚が大きく失われることに注目し、オンラインコミュニケーションにおいてそれをどう補うことができるかを考察する。2節で授業の基盤となる CELTA の英語教授法を概観し、3節で模擬授業の概要とデータを紹介し、4節で分析・考察を行う。

2. 「主体的・対話的で深い学び」の実践 に向けて

　本節では、学習者中心主義（learner-centered）の立場から、教師の役割をとらえ直す必要性について議論する。学習者の知識や理解を引き出すための具体的な授業方法の実践には「対話的・主体的で深い学び」（文部科学省 2017）の理念に基づくアクティブ・ラーニングが普及しているが、その1つ

の有効な方法論として、CELTA 方式の授業実践を取り上げ、外国語教育、とりわけ「共通語としての英語 English as a lingua franca（ELF）」の環境における修得技術の有効性を示すことは意義があるだろう。そして、オンライン授業の背景には、多文化・異文化理解と他者を意識する視点が必要となるため、他者とのインタラクションの調整や共在性（copresence）の回復への手がかりについても考察する[1]。

2.1　対話的な学びのプロセス─ゆるやかな自己変容を受け入れるために

　この節では、授業活動という協働作業を通して、教師と学習者をつなぐ対話的な学びのプロセスを経て、レジリエンスを共有する意識は双方に浸透していくのではないか、という仮説を提示する。

　教師にとっても、急激なオンライン化で、母語も背景も異なる学習者群に平等に対応することは容易なことではない。しかし、一貫した「学習者中心」という授業方針は、学習者はもちろんだが、実は教師にとってメリットが大きい。たとえば、教師からの問いかけへの学習者の応答は、指名の場合もあれば、自発的な反応の場合もある。基本的に、教師（T）と学習者（S）とのやりとり（T-S）は学習者から発話を「引き出す（elicit）」ことから始まる。授業の流れは、4技能の内容に応じて学習者間のペア対話（S-S）、基礎タスク（S-S）、さらに上位のタスク（S-S）と進み、最後のタスクは目標表現を利用したフリートークによるインタラクションを小グループで行う展開になる（Ss-Ss）。つまり、教師の役目は、この流れを管理するファシリテーターであり、学習者から発話を引き出し、活動をモニタリングして、有効なフィードバックをすることである。特に「質問・応答」のやりとりを通して、学習者に話す行為を継続的に促し、相互行為能力を醸成することが狙いである。

　筆者が授業見学で視聴した、ベテランのトレーナーの授業は興味深い。まるで緊張をほぐすかのように、リラックスした態度で、入室してきた生徒へ順番に話しかける。ちょっとした雑談であるが、場を温めるようなこうしたやり取りの連鎖は、日常の私的空間から、オンライン授業という非日常のコンテクストへの移行を促し、集中力を高めるのに役立っていると思われる。

　CELTA(Certificate in Teaching English to Speakers of Other Languages)は、ケンブリッジ大学で開発された英語を母語としない学習者に対する教授法の高度な資格として世界的に認められている。CELTA には独自の理念があり、それを授業実践に落とし込んださまざまな方法論や応用パターンがある。たとえば、教室場面で用いられる英語でのインストラクションとして 'Do you understand?' 'Do you know what X means?' という定形表現は、外国語を教える現場において、おそらく多くの教師が学習者に対して使っていると思われるが、果たして有効と言えるだろうか。この質問形式に潜んでいる問題点は、これらが学習者の知識を引き出す仕掛けになっていないことである。つまり、学習者は、わからなくても 'yes' と答えてしまう方向に誘導される傾向にあり、教師は生徒の知識レベルを正確に把握することにつながらない恐れがある。

　ではどのようなやり方が適切なのか。CELTA が推奨するのは、concept checking questions(CCQs)である。この質問形式は、以下の2つの反応を喚起する。

（1）　CCQs to check S's understanding（学習者の理解を確認する）
（2）　CCQs to clarify new language（新しい言語知識を明確にする）

　たとえば、She felt embarrassed. という平叙文において、下線部の語の知識を学習者が持っているかどうかを問いたい場合、以下のような質問形式が考案できる（丸括弧の内は学習者の想定される答え）。

Possible CCQs:
（1）　'Did she think she had done something silly?' (Yes)
（2）　'Did she feel uncomfortable?' (Yes)
（3）　'Was she ashamed?' (No, not exactly)

　このような対話形式のやりとりを構築することで、教師が一方的に知識を

提供するのではなく、質問に対する学習者の答えを手がかりにして、学習者が何を知っていて、何を知らないかを引き出すインタラクションのデザインを創ることができる。

　こうした質問形式は、授業で行うタスクの導入でも有効である。その方法にも順序がある。特定の活動の前に、教師のインストラクションがわかったかどうかを確認する際に、たとえば 'So what are you going to do?' 'Tell me what you have to do' のような質問は避けられるべきだろう。むしろ、「やって見せること（demonstration）」で気づかせ、タスクのやり方を端的に説明することが望ましい。その上で明快な Instruction checking questions（ICQs）を出して確認すればよい。たとえば、'Do you work in pairs or individually?' 'Do you have 5 mins?' 'How many target phrases do you use?' のように具体的な活動の内容を再確認する質問形式を作る。CCQs で知識内容を焦点化したように、今度は活動内容を焦点化させるという方法である。

　2020 年春、新型コロナ感染症の蔓延とともに CELTA も対面での授業を中止し、全面オンラインに移行した。この際、Face to Face vs Online（You Tube 動画配信）という題目で CELTA の主事 Jo Gakonga は対面から、オンラインに移行することで表面化する 3 つの落とし穴（Pitfalls）について警告した（ELT-training.com.）。

（1）　Too much teacher talk（先生がしゃべりすぎる）
（2）　Exercise after exercise: Dull!（練習ばかりでつまらない）
（3）　Your time is up! Make your class finish on time!（もう時間ですよ！授業は時間内に終了して！）

この 3 点は、基本的に教師の側でコントロールするべき留意点であり、対面でも当てはまる。いずれも、オンライン授業で問題がさらに深刻化する傾向にあることから、要注意という指摘になるのだろう。

　まず、(1) は Teacher Talk Time（TTT）であり、Student Talk Time（STT）と対比される。CELTA では理想的な TTT と STT の割合を 3：7 としてい

る。教師は常に自分の TTT を意識して、その質と量を自制する必要がある。すでに述べたように学習者からことばを引き出す手段、すなわち CCQ\ㅅ は、学習者の知識レベルを知るだけではなく、目の前にいない相手に対して一方的に TTT が増える傾向を防ぐために、特に有効な手法である。さらに、STT の質を高めるためにグループワークでは（Zoom のブレイクアウトルームを利用）、単に *Talk about what you did last night.* のタスクよりも *Three things you did last night—one is a lie.* のように、条件をつけた質問を考案して作業効率を高めることができる。

　次に、(2)練習問題（テストやタスク）が多すぎるとは、どういうことか。練習問題の目的は、学習者が対象言語について、何ができて何ができないかをできるだけ早急に教師側が発見することである。学習者のエラーを発見した教師は、そのエラーの解説に専念すべきであり、すべてを説明する必要はない。特に基礎実践（controlled practice（CP））の段階で、学習者のエラーの傾向を見つければ、早期にフィードバックして、学習者の知識の修正に結びつけられる。(2)の効率化により、最後の自由な実践（freer practice（FP））に十分な時間を確保する余裕ができる。

　(3)は時間管理（time management）の問題であり、逆算して組み立てる必要がある。何に時間を一番割くべきか、その計画を早めに練ることが肝要である。今回の授業実践では、8 つの模擬授業を(1)の視点から TTT を批判的に分析すると同時に、(3)における時間管理の実態を示す。実際、(1)と(3)は相互に関連があることは自明である。TTT が増えれば、特に S-S のインタラクション活動（STT）が減少する傾向にあり、全体の時間配分にも影響するだろう。

2.2 ICAP モデル

　こうした CELTA の学習者中心主義は、本来的にインタラクティブな学びであることを踏まえると、ICAP モデルと呼ばれる教育理論とも重なる。ICAP モデルは、アメリカのアリゾナ州立大学のミキ・チー氏が提唱する学習者の学びを認知的に追跡できるように組織化された理論的枠組みである

（図1）。ミキ・チー氏は、学びの深さの階層性に注目し、最も深い学びがインタラクティブ（Interactive）な学び、次が構成的（Constructive）な学び、3番目が能動的（Active）な学び、最も浅い学びが受動的（Passive）な学びとして範ちゅう化し、それぞれの頭文字から ICAP（アイキャップ）モデルと呼んでいる（Morris and Chi 2020）。

　ICAP モデルでは、学びの階層は、新たに入ってくる情報、つまり教えられる内容が、どれだけ学び手がすでにもっている知識と出会い、合体し、新しい知識を生み出すことができるかの度合いで決まると仮定される。

　今井（2001）はこのモデルを援用して、脳内状態を解説し、受動的学び（P モード）よりはより階層の上位に位置づけられる C（構成的）モード、さらに最上位の I モード（Interactional）へと移行することで、C モード（Constructional）では獲得できない、他者の視点が加わることで、複数の学び手の知識が互いを触発し、新たな知識が作り出されると主張する。

　このモデルをオンライン学習に置き換えた場合、授業の動画配信は P モードの典型であり、情報が脳内に止まらないが、それよりも先生と子どもたちがやりとりするインタラクティヴな授業のほうが学びは深まるはずであると、今井は推察する。そうすると、重要な課題は、オンラインではどのようにしてこの C から I へのモードへの移行を実現できるのかということになる。知識の定着が対話性を介して深まるとすれば、対面・オンライン授業の両方で同じ深さにするための工夫が必要であることは、Jo Gakonga の 3 つの落とし穴の警告からも容易に想像できるだろう。

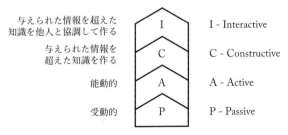

図1　Miki Chi 教授の ICAP モデル（今井（2001）より引用）

3.　分析—データ概要

　分析では、筆者が 2020 年にオンライン上で行った模擬授業をデータとして、TTT の時間情報と授業活動内容の関連性を調べる。私たちは、普段から視覚や聴覚だけでなく、触覚や匂いなども含めて与えられた環境の中でさまざまな情報を学びの手がかりにする。しかし、Zoom のブレイクアウトルーム機能で、活動の全てをモニタリングすることはできないし、話し手の視線や表情が向けられる先はわからないという難点がある。本章では、こうした困難に対して、オンライン模擬授業におけるやりとりの問題点とその対応について、レジリエンスの視点から分析を行う。

　分析対象の授業は合計 8 回で pre-intermediate と upper-intermediate の 2 つのレベルの授業をそれぞれ 4 回ずつ 2 週間で交代した[2]。1 クラスの人数は 8 名から 15 名で、日によって出席数は異なる。pre-intermediate のクラス受講者の国籍を以下に挙げる（丸括弧内は人数）と、タイ（2）、ミャンマー（2）、シリア（3）、ソマリア（3）、パキスタン（1）、トルコ（1）、ロシア（1）、中国（1）、パレスチナ（1）；upper-intermediate のクラス受講者の国籍は、ミャンマー（3）、トルコ（1）、ロシア（1）ウクライナ（1）、ベトナム（1）タイ（1）、カンボジア（1）、その他不明（1）であった。拠点となる施設は、タイ（バンコク）のインターナショナルセンターという地理的特性もあり、広く東南アジア圏内からの受講生が多いが、オンラインに移行してさらに地域は広がっている。年齢は、14 歳の中学生から社会人まで幅広く、動機や職種もさまざまである。中には、戦闘・紛争地域からの難民として受け入れられ、将来のために英語を身につける目的の受講も両方のレベルで見られた。

　まず、授業の構成については、表 1 の通りである。修得する技能や教材の種類（Skills、以下、スキル）によって枠組みの名称（Framework）は異なる。しかし、基本的には、スキルが異なっていても、ほぼ同じような段階（Stages）によって構成されている。

　どのスキルにおいても、1 コマの授業は基本的に 6 段階に分かれる。表の左端の Vocabulary クラスを例にとると、まず、(1) 導入（Lead-in）で授業の

表1　技能（Skill）ごとの授業の構成フレーム

	Teaching Framework						
Skills	Vocabulary	Grammar	Functions	Reading	Listening	Speaking	Writing
Stages	Lead-in	Lead-in	Lead-in	Lead-in	Lead-in	Lead-in	Lead-in
	Test 1	Reading for gist	Reading for gist	Pre-text task	Pre-text task	Listening for gist	Reading for gist
	Teach (MFP)	Teach (MFP)	Teach (MFP)	1st Reading	1st Listening	Noticing tasks	Noticing tasks
	Test 2	Controlled practice	Controlled practice	2nd Reading	2nd Listening	Task preparation	Task preparation
	Freer Practice	Freer Practice	Freer Practice	Post-text task	Post-text task	Task performance	Task performance
	Delayed Feedback	Feedback	Feedback	Extension Task	Extension Task	Feedback	Feedback
Name of Framework	TTT	TBL	TBL/TTT	Receptive task	Receptive task	Productive task	Productive task
Application				\<Jigsaw reading\>			

目標をコンテクスト化して提示する。テストやタスクに相当する練習は、(2)基礎問題と(4)応用問題の 2 段階（Test1, Test2）になる。2 つのテストの中間に (3) Teach が入り、特に Meaning, Form, and Pronunciation（Phonology）の 3 点（MFP）を盛り込んだ解説を行い、テストと組み合わせる授業形態であり、この構成は TTT という名称で呼ばれる。特徴的なのは、Teach の部分にも CCQ の活用が求められており、教師からの一方的な説明や解説を制限していることである。そして最後の仕上げとして、(5) Freer Practice（FP）があり、目標表現を活用して、自由なインタラクションをグループで行う自律的な対話学習である。最後に (7) Feedback を含めた 45 分間の授業である。スキルによって名称は異なるが、基本的な流れは同じである。

　分析では、まず、教師の時間管理の基本である Teacher Talk Time（TTT）について 8 回の模擬授業（TP1–8）を分析する(1)。そして、学習者とのインタラクションでは、3 つのパターンとして、(2)T-Ss (3)S-S (4)フィードバックを抽出し、それぞれを質的に分析する。分析の観点は以下の通りである。

(1) TTT の理想は、授業時間の 3 割（13 分 30 秒）を目安としており、質問応答（T-Ss）の部分を除いて、教師が話している時間の総時間を計算した。

(2) T-S (s) のやり取りで、T に注目し、どんな質問をしているのか、その質問に対する S の発話産出の様子を観察する。T の発話で特に、次話者の選択や話題の選び方にはどのような工夫あるいは問題点が見られたか。

(3) S-S の活動は、ペア対話、グループ対話になる。対面の場合は Ss-Ss の交わり（mingle）のパターンも発展的に利用できるが、オンラインでは技術的に不可能である。その変化形として、時間が許せば、グループのメンバーを入れ替える方式で、FP を充実させるパターンも利用可能である。こうしたグループ活動の様子は、主に Zoom のブレイクアウト機能を使って、モニタリングにより、タスクの進行やパフォーマンスの内容を観察できる。すべてのグループを観察することが基本であるが、時間の制約で難しい場合もある[3]。

(4) フィードバックは、限られたモニタリングから抽出された内容に左右されるが、授業の目標と、課題を「振り返る（reflection）」ための貴重な時間として、有効に活用する必要がある。

　　質的な分析では、Vocbulary のスキルの模擬授業を例に取り上げる。この授業では、以下の表 2 のように、'GO + XX' の動詞句の 3 つのパターンを習得するタスクを 2 回（Test 1, 2）行った後、旅行プランを選んで、習得した目

表 2　テストから抽出された 'GO + XX' の動詞句パターン[4]

So, we find... 'Phrases with **GO**'

· CHECK the pattern 1 : adverbs	· CHECK the pattern 2: -*ing* form	· CHECK the pattern 3: Prepositions
· GO + away · GO + abroad · GO + out · etc.	· GO + camping · GO + sightseeing · GO + skiing · GO + swimming · GO + cycling · GO + XXXX ing, etc.	· GO + for a walk · GO + on holiday · GO + to the beach · GO + by bus/car/train/plane etc.:

標表現を盛り込みながら自由に話すという実践(FP)を行った。

4. 結果と考察

4.1 Teacher Talk Time (TTT)

　TTT の結果は図 2 の通りである。予想としては、模擬授業の回数を重ねるごとに TTT への管理意識が高まることが期待されるため、TTT は減少していくのではないかと推定された。しかし、実際には授業のタイプ(スキル)によって TTT が左右される傾向にあることがわかった。

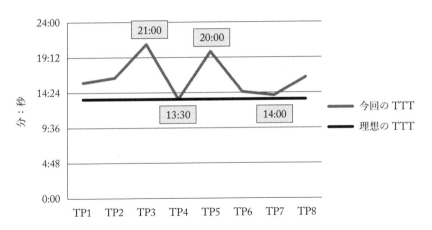

図2　45 分授業における TTT の割合の変化

　TTT が長い授業は、Grammar (TP3/21:00) と Function (TP5/20:00) のスキルであった。TTT が短い授業はいずれも Speaking (TP4/13:30；TP7/14:00)であった。Speaking に次いで、TTT が短かった Reading (TP6/14:30)は意外な結果であったが、'jigsaw reading' のメソッド (Thornbury and Watkins 2007)によるストーリー・テリングの活動効果であると考えられる[5]。この分布から、TTT が長くなる傾向は、文法・定型表現のスキルの授業に顕著であり、いずれも CCQ を多用しているとはいえ、Teach の部分での説明(MFP)が多

く求められることが TTT を増やす要因になっている。また、筆者の個人的要因として ICQ の繰り返しによる冗長さが TTT に加算される傾向が認められた。さらに、不慣れな機器操作や Zoom のブレイクアウトルーム作成など、オンライン授業特有の技術的な理由による時間のロスも全体を通じて認められた。このほか、学習者からの質問への対応にも、時間を要するケースがあり、異なる母語の影響による発音の聞き取りや文法のエラーに対するフィードバックなどの教師側の対応方法も時間管理の課題となっていることがわかった[6]。

4.2　教師と学習者のやりとり（T-S（s））

　オンライン授業では、教師の質問に対して、指名をしない限りは複数の応答が生じて重複するケースが頻繁に認められた。発話の重複は対面でも生じる現象であるが、アイコンタクトが使えないオンラインでは、「挙手」などで自己表示する方法をとらなければ、重複は容易に起こる。重複の後、直ちに次話者がやりとりを継続するかを決めるためには、教師は次話者を指名するか、一方の話し手が自発的に応答を続けるかのいずれかになる傾向がある（Lerner 2003, 2004）。また、特定の学習者による自発的な発話を避け、平等に発話産出の機会を創出するためには、指名する順番などをあらかじめ決めておくなどの配慮が必要になると考えられる。問題になるケースは以下のようなやり取りである（Teacher:T; Male Student1:MS1; Male Student2:MS2）。

(1)

```
 01  T:    One week, okay so holidays is kind of normally the longer ones. Do you have
 02        any plan for your holidays?
→03  MS1: Yes, [I have.
→04  MS2:     [Yes.
 05  T:    Okay, what is it?
→06  MS1: I would like teacher to go to Phuket.
```

　02 行目の T の質問に対して、03 行目の MS1 と 04 行目の MS2 は同時に発話している。それに対して、T が指名による次話者選択をしなかったため、MS1 が自発的にターンをとっている（6 行目）。MS1 の発話は確保できたが、MS2 は発話の機会を得られなかった。このような重複が生じるとその後しばしば沈黙があり、次の発話に躊躇する状況も見られた。いずれも、教師は同時に発話した学習者を直ちに認識し、指名することで発話順番を確保する必要がある。しかし、こうした同時発話は一瞬の出来事で、発話者を特定することが困難な場合も多く、常にうまく対応できるとは限らない。

4.3　学習者間のやりとり（S-S）

　学習者間のやりとり（S-S）は、2–4 名のグループでの活動であり、全員が均等に発話できるようにするには工夫が必要である。オンラインでのモニタリングは、対面と異なり、全体の活動の様子は把握できないが、グループごとに可能である。しかし、活動そのものに取り組むことを阻むようなトラブル（ネット接続の不備、参加者がミュート、カメラオフのまま応答しないなど）や、タスクのやり方の間違いや、話す活動に集中できないなど、その場で修復できない様々な場面が散見された。このうち、全員が均等に話す機会を確保できるように、参与者同士が自発的に話者交代を進める工夫が観察された。以下の抜粋（2）では、pre-intermediate レベルの 3 名の学習者（Female Student1: FS1; Female Student2:FS2; Male Student1:MS1）が参加して、タスクを順番に交代して行うためのやりとりを継続する努力が見られる。

（2）

01	FS2:	In the morning go to see the sunshine , sunshine right?
02	FS1:	Okay.
03	FS2:	Yes, and go travelling around in the garden, see a lot of flower, a lot of time, all
04		the flower so beautiful or the garden. The night the night seaport, at the night
05		it will join the nice seaport on the big boat, get on the riverside and then have
06		(　) activity, the (　) about the (　) with the new (　).

```
   07  FS1:  Okay.
   08  FS2:  Okay, finish.
→ 09  FS1:  How about you,   MS1?
→ 10  FS2:  MS1, how about you.
   11  MS1:  I agree with you =
   12  FS1:                   = uhhuhhuhh
→ 13  FS2:  You agree with me but your dream, they are country [ph] you choose. Where
   14        other place you want to go? And what you want to go with, your coupon, your
   15        family, your girlfriend, your mom, your dad, your brother or sister, your friend,
   16        which one do you want to go with? And which country do you want to
   17        choose, you want to...
```

　抜粋（2）では、01 行目から 06 行目まで FS2 が始めた発話では、go to see, go travelling, get on the riverside, など CP で練習した目標表現（囲み文字で提示）を盛り込んで話している。FS2 が話し終えた後、09 行目で FS1 が、続いて 10 行目で FS2 が MS1 の名前を呼び、'How about you' を反復して、次話者の打診をするが、MS1 は 'I agree with you' と応答するのみである（11 行目）。この直後に FS1 の笑いが生じていることから、発話の継続に応じない MS1 の様子が汲み取れる。すると、FS2 は MS1 の発話に言及し、13 行目のターン冒頭部分で 'You agree with me' と反復した後、'but your dream' と続けて、MS1 へ活動要請の発話を継続する。こうした発話は参加者の発話順番を調整して、全員が平等に話す機会を確保する配慮としてとらえられる。

　次の抜粋（3）でも、次話者の選択が行われて発話順番の調整が見られる。2 人のやりとり（Male Student1:MS1; Male Student2:MS2）の内容は、必ずしもタスクの課題に沿って行われてはいないが、03 行目で MS1 は MS2 を次話者として選択している。

（3）

```
   01  MS1:  Thanks a lot.
```

02　MS2:　You are welcome. I sent you what I want take to the ＿＿.

→03　MS1:　Okay can you tell me please?

04　MS2:　Sorry?

→05　MS1:　Can you tell me please?

06　MS2:　More?

→07　MS1:　No, what you like, how you live there we will know about your shop.

08　MS2:　Okay, I will continue with other people from outside my country, which

09　　　　　country I live, I will continue with other people from other country and I will

10　　　　　lead them to make sure about my business.

　03 行目と 05 行目で、MS1 は Can you tell me please? を 2 回反復して MS2 への発話を促している。それに対する MS2 の反応 'more' に対して、MS1 は 07 行目で具体的な提案の発話 'how you live there we will know about your shop' を行い、それに応じて MS2 は発話を始める（08 行目）。MS2 の発話内容は目標表現を盛り込んで話す FP の活動に沿う実践ではないことは明らかであるが、やりとりの継続を優先することで活動を成立させている。

　こうしたやりとりから見えてくるのは、オンライン上で次話者の選択を行うための具体的な働きかけである。抜粋 (2) では明示的に相手の名前をアドレスして 2 人が連続して同じ言語形式（How about you）を繰り返し、発話を促している。抜粋 (3) の MS1 も（can you tell me please?）の反復と、具体的な発話要請を通して、MS2 の発話を引き出すことに成功している。対面では視線を相手に向けることで解決する可能性もあるが、このように反復を利用した質問形式の発話連鎖は、注意喚起という点からも有効であろう。結果的に、具体的なタスク本来の実践にはなっていないが、異文化間コミュニケーションの視点から次話者の発話を引き出すためのストラテジーとして有益であるといえる（Kecskes 2014）。

　こうした事例は、オンライン上でタスクに集中しにくい状況が生まれる場合、参加者は目標表現の産出やタスクの完成度よりも皆が平等に順番に話すことを優先させようとする傾向があることを示している。一方、upper-intermediate のクラスでも同様に、目標表現を盛り込みながら自由に話すという FP の実践があるが、自発的な話者交代に成功している例として、抜粋（4）と（5）を参照する。ここでは 4 名の学習者（Female Student1: FS1; Female Student2: FS2; Male Student1: MS1 Male Student2: MS2）が「推測する（speculation）」という言語活動をモダリティ表現（may/must/might/could have … など該当表現は 囲み文字 で提示）を使って話すことが求められている。やりとりは、ミステリースポットとして提示された 3 つのトピックのうち、Stonehenge の事例の説明に焦点を当てている。

（4）

```
01   FS1:   Okay. I have heard about the last picture↑ maybe. There might be giant family
02          living there↑ and it could be their sons' tombs↑. So, he was very big and he
03          might have made these tombs in these shapes.
04   MS1:   I believe it must have done by people, because you know(1.0) for example in
05          Egypt(..) they built pyramids with help of the people. So:: there is possibility
06          that Stonehenge made by humans.
07   FS2:   °The last picture is Stonehenge°. And I also think it might be humans↑ who
08          did that because it < couldn't have been created > by wind.
→09  MS1:   Spider, you mean?
10   FS2:   No, Stonehenge.
11   MS1:   Stonehenge, okay. I don't know, that we have to talk.  uhhuhhuhh
12   FS2:   Which↑ one? I'm sorry. °I just mixed°.
13   MS1:   Maybe we can move to Peru one.
14   FS2:   Okay.
```

　FS1、MS1、FS2 がそれぞれ順番に目標表現を盛り込んで発話をしており、その話者交代も円滑である。3 者が話し終えて 09 行目で MS1 が直前の FS2 に向けて唐突に 'Spider, you mean?' と発話する。FS2 はそれに対して否定し、やや当惑を示している（10、12 行目）。13 行目で MS1 は次のトピッ

ク 'Peru' へ移行する提案をする。やりとりは抜粋（5）へと続く。

（5）

→01　MS1:　I think it [must have drawn] by Picasso. That spider uhhuhhuhh

　02　FS2:　Peru.↑ Peru?

　03　FS1:　I think Peru is our theory.

→04　MS1:　I'm sorry? It [must have drawn] [drawn] by Picasso.(mm) One day. he visited

　05　　　　Peru and he got bored, so he drew things like this.　uhhuhhuhh

　06　FS1:　Very interesting.

→07　FS2:　He <[must be an obsessed]> by spider, that's why he. draw spider.(5.0) <What

　08　　　　about Bermuda> triangle?

　09　MS1:　Bermuda triangle?

　10　FS2:　Yes.

→11　FS1:　They [must be hiding] something super secretly inside this area and they don't

　12　　　　want anybody to go there. So they scared us.

→13　MS1:　Great. Made story to scare us by government.

　14　FS1:　Yes.

　15　MS1:　Okay. [Must have been] their work, the government.

→16　FS1:　Some secret rooms [maybe].

→17　MS1:　[Maybe] MI6 MI6 you know from England.

→18　FS1:　[Maybe].

　このやりとりでは、話題として言及された 'Peru' について、01 行目に
MS1 が目標表現を含む 'It must have drawn by Picasso' を導入する。MS1 は
FS2 と FS1 の応答に対しさらに 04 行目に同じ形式の発話を反復し説明す
る。06 行目の FS1 からの反応 'very interesting' と 07 行目の FS2 の追加の発
話が続く。ここで興味深いのは、抜粋（4）の 09 行目で MS1 により一瞬導入
された 'Spider' を FS2 が 07 行目で自らの発話内で 2 回言及していることで
ある。FS2 はこの語を自分の発話内で拾い上げることにより、MS1 の言述

を引き継いで、聞き手をデザインした会話参与者の立場も明示的にアピールする態度を提示している。こうした意図的な反復使用は、やりとりのつながりが強化されるだけでなく、参与者間のラポール形成に役立っていると考えられる。さらに、3 つ目の話題である 'Bermuda triangle' においても 'scare(d) us' (12, 13 行目) や 'maybe' (16, 17, 18 行目) の反復はやりとりの意味を強化することに役立っており、間主観性に訴える合意形成に貢献しているといえる (Du Boir 2007)。

　このように ELF 環境における非母語話者が、相手の発話(の一部)を繰り返すという言語行為を通して、戦略的に発話進行を促す工夫は、参与者間の相互行為上のつながりを創出する点から重要である。さらにこうした反復の

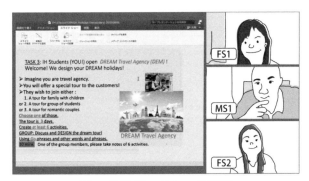

図 3　抜粋 (2) のグループ活動例

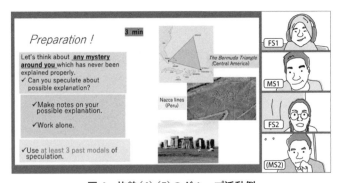

図 4　抜粋 (4) (5) のグループ活動例

事例は、限られた言語資源を活用して相互行為の充実に貢献しようとするレジリエンスの態度を示しており、やりとりの連鎖を利用して、1人では達成できない会話の共同構築を実践する貴重な機会として捉えられる。

4.4　フィードバック

　最後に教師から学習者へのフィードバックについて報告する。フィードバックの内容は、スキルごとに異なるが、CP の後は学習者の言語知識が欠けているものに限って、FP の後には目標表現のまとめとエラーなどの具体例を示すことで、学習者の注意喚起をすることが可能になるだろう。残念ながら、筆者の場合、時間不足で、フィードバックの時間が十分に取れなかったことが課題であった。その対策として、チャットでの書き込みを求めているが、あまり効率的ではないとして、トレーナーからの批判を受けている。学習者の異文化環境による英語の変種への対応という視点から言えば、たとえば、モニタリングで、それぞれの母語特有の発音や文法エラーを発見し、その特徴に応じたフィードバックをすることも有益だと考えられる。さらに、特定の話題への配慮(戦争、犯罪、貧困など)について、学習者間のやりとりを通して、モニタリングで発見できることもあった。

5.　おわりに

　本章では、ELF 環境での模擬授業における「学習者中心」の教授法について、レジリエンスの視点からその実践の内容を教師側と学習者側の双方向から分析を試みた。教師側では、TTT をコントロールして STT を確保し、学習者側での協働作業の充実や、自律的学習への一助としての対話活動、多文化を生かした他者意識を埋め込んだ活動へと集中させることが重要であることを指摘した。同時に、ノンネイティブ英語教師と学習者双方が、お互いに異文化を背景とし、ELF 環境での振る舞いから相互に学ぶことができる環境は、新たなコミュニケーションの可能性を含んでいる。一方、学習者同士は、対話のやりとりを通して、限られた言語資源を最大限に生かしなが

ら、つながることに向かっており、レジリエンスの一端を発見することができた。また、教師と学習者の発音練習 (T-SS から T-S、T-S) への活動の共有は、ささやかな共在性の確認とも言えるだろうか。重複・同時発話についても避けることを留意するだけではなく、それらを生かした発展的な活動の創出や他者意識の視点に立つ活動の取り込みについても、共在性の回復に結びつく可能性を探ることができるのではないか。背景の異なる他者とのインタラクションを通して学ぶ経験は、レジリエンスの実践として、教師・学習者双方に貴重な洞察を与えてくれる。

　コロナ発生から、既に 2 年が経過した。オンラインに移行して授業はどう変化したかを検証し、今後どう進めていくかの議論は至る所で始まっている。ある CELTA の講演会 (オンライン) でトレーナーが集まってオンライン CELTA を振り返る企画があった。それは、オンライン授業は対面授業と遜色なく、同じ、もしくはそれ以上のメリットがあったと教育効果を強調するものであった。本章での分析を通して、その一端に触れることはできたとはいえ、メリットを強調する議論の中心は教師側であり、学習者の視点が大きく欠けていることは否めない。学習者のレジリエンスは、対面では当たり前のことである共在性の確保につながるものである。オンラインでの活動がどこまで「学習者中心」に近づけられるかについては、今後も模索が続くことだろう。

注

1　インタラクションにおける「共在性」については Clark (1996) 高梨 (2016) を参照。
2　フルタイムの CELTA コースは 4 週間 (120 時間) の集中講座である。内容は、講義 (Input)、授業見学、模擬授業 (teaching practice (TP)) 6 時間 (45 分授業を 8 回の合計 6 時間)、4 回の研究課題レポート、ポートフォリオ、授業計画書、自己評価書から成る。このうち、重要なのは、模擬授業である。毎回の模擬授業は、授業計画書 (＋ LA) と授業資料の提出、リハーサル、授業と進み、終了後はトレーナーとトレーニー全員での振り返りのディスカッション、というサイクルで行われる。

3　モニタリングの目的は、各タスクからフィードバックの材料を集めることである。
4　Swan（2016）を参照。
5　グループのメンバーを 2 回入れ替えて行うことで、学習者の発話時間を確保することができる。
6　英語に反映される様々な母語の影響については Swan and Smyth (2001) を参照。

参考文献

今井むつみ (2021)「オンライン授業と学びの深さ」一般財団法人教育調査研究所 Vol.7(2021.1.14) <http://www.chou-ken.or.jp/.s/main/komichi07.html>

佐藤真久・北村友人・馬奈木俊介 (2020)『SDGs 時代の ESD と社会的レジリエンス』筑波書房

高梨克也 (2016)『基礎から分かる会話コミュニケーションの分析法』ナカニシヤ出版

深見俊崇 (2020)『教師のレジリエンスを高めるフレームワーク―柔軟な問題解決者となるための 5 つの視点』北大路書房

文部科学省 (2017)『中学校学習指導要領解説　外国語編』

ロックストローム・ヨハン、クルム・マティアス(竹内和彦・石井菜穂子監修、谷純也・森秀行他訳) (2018)『小さな地球の大きな世界―プラネタリー・バウンダリーと持続可能な開発』丸善出版

Cambridge English Language Assessment (2018) *CELTA: Syllabus and Assessment Guidelines* (5th ed) Cambridge University Press.

Clark, Herbert H. (1996) *Using Language*, Cambridge University Press, Cambridge.

Du Bois, John W. (2007) Stance triangle, in R. Englebretson (ed.) *Stancetaking in Discourse*, John Benjamins.

ELT-training.com: ELT-training's top tips for CELTA online teaching practice. <https://www.elt-training.com/path-player?courseid=resources_fully_online_celta&unit=5fa929287ccd8405b853c108Unit>

Hancock, Mark (2007) *English Pronunciation in Use* (Self-Study and Classroom Use). Cambridge: Cambridge University Press.

Jordan, Judith V. (2012) Relational Resilience in Girls. In S. Goldstein and R.B. Brooks (eds.), *Handbook of Resilience in Children* (2nd ed.), New York, Springer, pp.73–86

Kecskes, Istvan (2014) *Intercultural Pragmatics*, Oxford University Press.

Lerner, Gene H. (2003) Selecting next speaker: The context-sensiti.ve operation of a context-free organization, *Language in Society* 32: 177–201.

Lerner, Gene H. (2004) *Conversation Analysis*, John Benjamins.

Morris, Joshua, and Chi, Michelene T. H. (2020). Improving teacher questioning in science using ICAP theory. *The Journal of Educational Research*, 113(1): 1–12.

Swan, Michael (2016) *Practical English Usage*, Oxford: Oxford University Press.

Swan, Michael and Barnard Smyth (2001) *Learner English – A teacher's guide to interference and other problems,* Cambridge: Cambridge University Press.

Thornbury, Scott and Peter Watkins (2007) *The CELTA Course*, Cambridge: Cambridge University Press.

トランスクリプト記号一覧

本章で用いる文字化方式は以下のとおりである(Jefferson 形式を援用)。

,	継続調イントネーション	[	発話の重複の開始部分
.	下降調イントネーション	:	音の延伸
?	上昇調イントネーション	発話	前後に比べ強く大きい音
↑	ピッチの上昇	°発話°	前後に比べ弱く小さい音
↓	ピッチの下降	>発話<	前後に比べ速い発話
(..)	ごく短いポーズ	<発話>	前後に比べ遅い発話
(X.X)	ポーズの秒数	(発話)	不明瞭な発話

謝辞

ラウンド・テーブルでの発表に対して、貴重なコメントや資料提供をいただいた、本プロジェクトの参加者の皆様には、この場を借りて厚くお礼申し上げます。本章の研究データとして、模擬授業での録画録音、および学術研究目的での利用を許可していただいた、International House (バンコク) のスタッフおよび模擬授業に参加した学習者の皆様には心よりお礼を申し上げます。

日米大学生間の
テレコラボレーションにみる
レジリエンス
ことばの資源の戦略的使用と距離感の交渉

嶋津百代、熊谷由理

キーワード　テレコラボレーション、国際共修、つながり、トランスランゲージング、ことばの資源

1.　はじめに

　テレコラボレーションは、オンライン上のコミュニケーションツールを使用して、国や地域の境界を越えた学習者同士の協働作業や異文化交流として、一般的に捉えられている (Thorne 2016)。1990 年代以降、言語教育の分野でテレコラボレーションが活用されるようになったが、2020 年初頭以来のコロナ禍に伴い、テレコラボレーションを採り入れた教育実践がより注目されている。

　2019 年、このテレコラボレーションを用いた国際共修の実践「SDGs（持続可能な開発目標）マガジン・プロジェクト」を、アメリカのスミス大学と日本の武蔵野大学の学生が行った。続く 2020 年には日本の関西大学の学生が加わり、2019 年同様、オンラインマガジンを作成するプロジェクトを実施した。本章で取り上げるのは、2020 年秋学期にスミス大学・関西大学・武蔵野大学の 3 大学で行ったテレコラボレーションの実践である。

　本研究は、日本とアメリカの大学生間のテレコラボレーションの実践の過程に、本書のテーマである「レジリエンス」を見出し、レジリエンスが導くコミュニケーションの様相を考察するものである。本章で取り上げるテレコラボレーションの実践では、面識のない日本とアメリカの大学生がオンライ

ン上で初めて出会い、プロジェクトを進めていく。この実践に参加する学生たちには、社会文化的背景の違いや、日本語や英語などの言語能力のレベル差がある。このような差異に対する学生たちの不安や心配などを、プロジェクトを進めていく上での「逆境」と捉えるならば、この逆境を乗り越えていくために、実践の過程で何らかのストラテジーが用いられることが想像できる。

　レジリエンスは、通常「復活力」や「回復力」などと解釈されるが、ゾッリ＆ヒーリー（2013: 19）によれば、レジリエンスは「絶えず変化する環境に合わせて流動的に自らの姿を変えつつ、目的を達成する」力と捉えることもできる。本研究は、この捉え方に従い、レジリエンスを「学生が逆境を乗り越え、場や文脈に良好な適応を示すことのできる力」とする。

　また、本研究はテレコラボレーションの実践過程を観察・分析する際に、「つながり」の現象に注目する。ことばの教育においては、これまで様々な「つながり」が奨励され、日本語教育でも海外の日本語学習者に日本語コミュニティとのつながりの場を提供するために、国際共修の試みが盛んに行われている。先述のように、ここ数年来のコロナ禍においても、大学などの教育機関ではインターネットやITツールを用いたオンライン授業が主流になり、地理的な障壁を超えて世界とつながることが容易になった。このように、テレコラボレーションの実践において「つながる」ことが奨励される一方で、そのつながりの創造の過程や、場とつながりの関係など、つながりの実態を考察している研究はいまだ多くない。

　そこで、本研究では、この「つながり」を再考することも目的の1つとし、つながりの現象を切り口に、テレコラボレーションにおいてレジリエンスが発揮されるコミュニケーションを明らかにする。学生たちがテレコラボレーションの実践にあたって生じる多様な制約を考慮しながら、ことばの様々な資源を戦略的に用い、相手とのつながりの交渉を試みている様相を示す。また、このようなオンライン上での国際共修の場において、学生たちがより有意義に交流し、学びを深化させていくために、教師にできる支援についても提案する。

2.　実践と研究の理論的背景

　1節で触れたように、日本語教育でも「つながり」が重要視され、「つながり・つながる」ことは、21世紀の教育実践のキーワードとして取り上げられてきた。

　例えば、當作(2016)は、「ソーシャル・ネットワーキング・アプローチ(SNA)」という言語学習アプローチを提唱し、従来の言語学習で求められてきた「○○がわかる」や「○○ができる」などの到達目標に、「つながる」能力を加えることを主張している。このSNAの枠組みで意味している「つながり」は、他者とつながるだけでなく、学習者が自分自身ともつながり、自己を内省し、自己を確立していくこととも関わっている。学習とは、個々人の頭の中で既習知識や能力や経験と、新たな知識や能力や経験を結びつけていく過程であり、認知的にも「つながる」ことは重要な意味を持っていることを論じている。

　トムソン(2016)も同様に「つながり」に注目しており、つながりによる学びは社会的なもので、ある状況で他者とともに何かを行うことで、つまり、人とつながることで生じると述べている。しかしながら、當作、トムソンのどちらにおいても、実際に何をもって「つながっている」と言えるのか、また、どのようなつながりが誰にとって望ましいのか、などについては明言されていない。したがって、そのようなつながりの実態や現象を明らかにすることで、より意義のあるつながり方や「つながる」能力を育成する教育実践の可能性を提案できると考える。

　また、実践のデザインには「トランスランゲージング(translanguaging)」の理論(Garcia 2011, Li Wei 2011)を援用した。Li Wei(2018)は、「言語実践」を、様々な言語、方言などの言語変種、そして他のセミオティックなシステムの境界を超えた、流動的でダイナミックな社会的実践であると捉えている。また、トランスランゲージングに即した教育実践では、学習者があらゆる言語的(および、その他のセミオティック)資源を、言語や文化を超えたコミュニケーション・ストラテジーとして活用することを奨励している。

　「言語学習」に焦点をおいたテレコラボレーションの多くは、言語教育において主流であるモノリンガル・アプローチに則り、対象言語のみを使用することを奨励する(Li Wei 2018)。例えば、言語交換(ランゲージ・エクスチェンジ)のように、お互いの言語を学ぶことを目的に実践が計画されている場合は、交互に別言語を用いる形態を取ることが多い。そこでは、言語間の行き来や単語などを混ぜること(コードメッシング／ code-meshing)(Canagarajah 2011)は極力避けるように指導される。一方で、トランスランゲージングは、言語使用者自身の主体性に任せた創造的かつ批判的なことばの使い方を尊重し、コミュニケーションの状況や相手との関係性を考慮して目標を達成していくことをめざす(熊谷・佐藤 2021)。

　このトランスランゲージングの観点は、本研究で扱うテレコラボレーションの実践にとって非常に重要であり、また、つながりの実態や現象を解明する手がかりともなった。

3.　日本とアメリカの大学生による「SDGs マガジン・プロジェクト」

　2節の実践と研究の理論的背景を念頭に置き、2020 年秋学期にスミス大学・関西大学・武蔵野大学の学生が行った「SDGs マガジン・プロジェクト」のテレコラボレーションの実践の過程を見ていく。プロジェクトの進行中、日本の大学の学生とアメリカの大学で日本語を学習する学生がいかに「つながろう」としているかを観察し、学生たちが共有している多様なことばの資源をどのように用いているかに注目した。以下、プロジェクトの概要や目的、手順などを説明する。

3.1　プロジェクトの参加学生

　「SDGs マガジン・プロジェクト」には、アメリカのスミス大学の日本語3 年生前半コースを受講している学生 10 名が参加した。関西大学からは、3 年次に履修する「専門演習」というゼミ授業で日本語のコミュニケーションや談話分析を学んでいる学生 6 名が参加した。武蔵野大学からは 3 名参加

し、グローバル学部日本語コミュニケーション学科のゼミに所属している学生であった。

3.2　プロジェクトの概要

「SDGs マガジン・プロジェクト」は、先述の 3 つの大学の学生からなる 3 ～ 4 名のグループで、SDGs の目標達成のために自分たちができることを考え、それを広く社会に発信するためのオンラインマガジンを作るというプロジェクトである[1]。学生たちは、Zoom・Slack・Google Slides などの IT ツールを用いてプロジェクトに臨んだ。学生たちのグループは、先述のように、社会文化的背景の違いはもちろんのこと、共有している言語や知識にもレベル差が混在していた。なおかつ、実際に会ったことがない人との協働作業においては、物理的・心理的な距離を乗り越え、交渉していくことが大きな課題であった。

3.3　プロジェクトの目的と手順

「SDGs マガジン・プロジェクト」は、プロジェクト全体の目的と、参加学生が受講している各大学の授業科目での学習目的を設定した。参加学生に対して説明したプロジェクトの全体目的は、以下の 6 つである。

(1) 自分の興味のある社会問題について深く学ぶ。

(2) 世界レベルでの問題と自分たちの身近にある問題の両方を知るとともに、問題を解決するためにできること(小さな一歩)を考える。

(3) 日本・アメリカで学ぶ大学生として、それぞれの価値観・興味・意見などを理解・共有する。

(4) お互いにやさしくてわかりやすいことばを使って、言語・文化の違いを超えたコミュニケーションができるようになる。

(5) それぞれの得意なことを生かして、協働で多言語・多モードを使ったオンラインマガジンを作る。

(6) 作品を発信することで、社会・コミュニティに貢献する。

　日本の大学生とアメリカの日本語学習者が協働でプロジェクトを遂行・達成することを通して、双方がともに学び、ともに社会やコミュニティに働きかけていくことが、プロジェクトの目的の中核にある。

　また、各大学で、所属学生にプロジェクトの目的を設定した。各大学が設定した目的の達成度は、学期末の評価にも反映するようにした。

表1　各大学のプロジェクトの目的

スミス大学	・実際に日本語を使って交流をすることで日本語の力を伸ばす。 ・英語や中国語のサポートをすることでグローバル時代に必要なコミュニケーションの力をつける。
関西大学	・交流におけるコミュニケーションの築き方に注目する。 ・成果物に用いる文字や写真などについて批判的な視点で説明できるようにする。
武蔵野大学	・今よりも少し「よい社会」をつくることに対話を通して実践的に取り組む。 ・日本語のサポートをすることや英語・中国語を使って成果物を作ることで複言語能力を伸ばす。

　このような目的をもって、学期を通して行ったプロジェクトは、以下の手順で進めた。

　(1) グループで興味のあるテーマ(目標)を選ぶ。
　(2) テーマに関する問題(グローバル＆ローカル)を考え、リサーチする。資料・リソースをグループで共有する。
　(3) リサーチの結果わかったこと、目標達成のために自分たちにできることを話し合う。
　(4) Google Slide を使って、協働でマルチリンガルのオンラインマガジンを作る。
　(5) プロジェクトについて学期末に発表をする。

　最後に、15週間の学期を通して実践したプロジェクトの進行を図1に示

しておく。

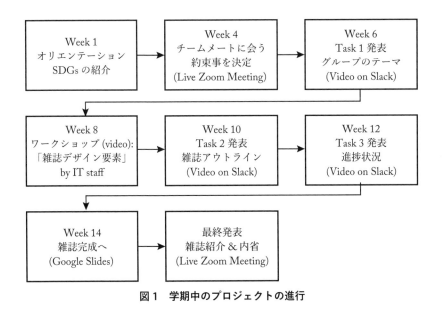

図 1　学期中のプロジェクトの進行

　4 週目以降は、自主的に週に 1 回程度、Zoom を用いてグループで協働作業を進めるよう、学生たちに伝えてあった。その際も、2 節で概説した「トランスランゲージング」の理論に基づいて多言語使用を奨励し、また、最終課題の成果物であるオンラインマガジンで用いる言語についても制限を設けなかった。

3.4　分析のためのデータと分析対象のグループ

　本研究の分析と考察には、プロジェクトの過程で収集したさまざまなデータを参考にした。これらのデータには、学生間の交流活動・課題発表・学期末発表の Zoom 録画、Slack 上のチャット、プロジェクトの中間および事後内省アンケート、そして事後振り返りインタビューがある。

　合計 5 つのグループがプロジェクトに参加して活動していたが、本研究で

はその中の1つのグループに着目する。このグループには、スミス大学から2名、関西大学から1名、武蔵野大学から1名の学生が参加し、4名でプロジェクトを進めた。

表2　グループメンバーについて

名前(仮名)	大学	学年	家庭言語	大学での教育言語	外国語学習
ロウ	スミス	3年生	中国語	英語	日本語
エミ	スミス	1年生	英語 日本語	英語	日本語
シンラン	関西	3年生	中国語 日本語	日本語	英語
レイ	武蔵野	3年生	日本語	日本語	英語 中国語

　このグループを事例として取り上げる理由は、プロジェクトの過程で「トランスランゲージング」が最も顕著に観察できたからである。例えば、スミス大学で日本語を学習中のロウは、家庭言語が中国語であるが、アメリカに留学中で、英語で教育を受けている。スミス大学のエミはアメリカで生まれ、日本出身の両親をもち、家庭言語は日本語と英語である。関西大学のシンランは日本で生まれ、台湾から来日した両親の元で育ち、家庭言語は中国語と日本語で、英語も理解する。武蔵野大学のレイは、家庭言語も教育言語も日本語で、英語と中国語を外国語として学んでいる。このように、このグループは、グループメンバーの家庭言語や教育言語がそれぞれ異なっていることが特徴的であった。

4.　レジリエンスが生み出すコミュニケーションの様相

　「SDGsマガジン・プロジェクト」が進行していく過程で収集されたZoom録画やSlackチャットの記録、参加学生によるアンケートやインタビューなどのデータを詳細に観察すると、本研究のための分析の焦点とし

て、以下の3つが明らかになった。

（1）スピーチ・スタイルの活用
（2）多言語の活用
（3）口頭ツールと筆記ツールの活用

　これら3つの分析の焦点を、プロジェクトの過程における「つながりの現象」として、データを参照しながら分析・考察していく。

4.1　スピーチ・スタイルの活用

　まず、(1)スピーチ・スタイルの活用について説明する。例えば、「関西弁と標準語」「です・ます体と普通体」のように、対になるスピーチ・スタイルの活用である。テレコラボレーションの実践におけるスピーチ・スタイルの選択は、グループメンバーとの関係づくりのために、相手を配慮した話し方を試みることから生じている。

　グループメンバーの1人、関西大学のシンランは、このスピーチ・スタイルに関して、事後振り返りインタビューで以下のように語っている。

　　気をつけたことは、なるべく関西弁にならない、自分が思う標準語を、しゃべろうとしてたのはあります。ちゃんと学んだ日本語、丁寧な日本語だったんで、自然と「です」って最後についたり、「しませんか？」とか、それがベースにあったんで。丁寧に言った方が伝わるのかな？っていうのは、元からあった意識かもしれないです。

　関西在住のシンランは日常的に「関西弁」を話す。ところが、シンランは協働でプロジェクトを進めるのに、「標準語」を話そうとしていたことが、上記のインタビュー内容の抜粋からわかる。シンランが「自分が思う標準語」と述べているように、関西弁が話される地域で育ったシンランにとって、「標準語」は外国語のようなものである。ロウやエミが話す日本語が

「ちゃんと学んだ日本語」であるというのも、おそらく日本語学習者が学んでいると思われる日本語の「標準語」を意味していると捉えられる。このシンランの発言から、シンランの標準語使用は、日本語学習者であるロウやミエに配慮した結果だと考えてよいであろう。

　また、シンランは、プロジェクトの交流活動におけるお互いのやりとりに「です・ます体」が使用されていたことも指摘している。「丁寧な日本語」である「です・ます体」を使用することが基本であったため、「です・ます体」で話す方が他のメンバーには内容が伝わるのかもしれないと考えたという。他の Zoom の録画データや Slack でのやりとりを見ても、プロジェクトの実施期間を通して、シンランは丁寧な話し方を試みていた。

　シンラン同様に、日本語学習者であるロウも、プロジェクトの交流活動では話し方のトーンを意識し、より丁寧な日本語を用いるように心がけていたという。事後内省アンケートに、以下のようなロウの記述がある。

> I became more mindful of my tone and tried to let everyone else talk and listened to their ideas…. In terms of language, I definitely tried to use polite terms like してもいいですか、しましょうか to try not come off as aggressive.

　ロウは、普段使用していることば遣いではなく、プロジェクトの課題を達成すべく協働作業を行っている「場」に適していると思われる言語使用を意識している。つまり、カジュアルなことば遣いではなく、グループメンバーとはあくまでも丁寧にやり取りをしながら課題を進めていったわけである。

　「です・ます体」を用いるフォーマルなスピーチ・スタイル、あるいは「普通体」を用いるカジュアルなスピーチ・スタイルは、もちろん例外もあるが、親疎関係によって使い分けられることが多い。シンメイもロウも同じ学年の大学生であり、通常であれば（交流を始めて時がたてば）、カジュアルなことば遣いでやりとりを行っても問題はないであろう。しかし、あえて丁寧な言語使用で交流を続けたということは、メンバー間で「距離感の調整」が

行われていたことを意味しており、このようなコミュニケーションの様相に
レジリエンスが見出せる。

　そして、これらのデータから見えてくるのは、相手への配慮や思いやりか
ら、コミュニケーションを実践している学生たちの姿である。学生たちはイ
ンタビューやアンケートなどで「逆境」ということばは用いていないが、テ
レコラボレーションの実践では、日常のコミュニケーションが行われる場と
は明らかに異なる状況や文脈に置かれている。特に、アメリカの日本語教
室という限られた状況で日本語を学んでいる学生たちにとって、テレコラボ
レーションの場は、日本の大学生とコミュニケーションできる絶好の機会で
あった。ある学生が事後アンケートで述べていたが、この実践では日本語授
業の担当教師以外で初めて「本当の日本人」と話す経験をしたとも言える状
況だったのである。

4.2　多言語の活用

　次に、多言語の使用について検討する。例えば、Zoom での交流活動中の
日本語と英語の使用や、Slack での日本語と英語の使用などが挙げられる。
グループの共通言語は日本語であるが、プロジェクトを進める中で、何かを
伝えるときに日本語で表現するのが難しい場合、グループメンバーに対する
気遣いや、やりとりしている相手への配慮を示しながら、英語を用いるとい
う現象が見られた。このグループメンバーの中には、日本語と英語以外に中
国語が理解できる学生がいるが、データを見る限り、中国語は一切用いられ
ていなかった。その理由として、中国語が理解できない学生（スミス大学の
エミ）がいたため、その学生に対する配慮があったと考えられる。

　このグループはプロジェクト開始当初、SDGs のゴールの中から「平和と
公正を全ての人に」をテーマとして選んでいた。交流活動の録画から抜粋し
た以下のやりとりは、ロウの発話で始まっている。LGBTQ の「権利」に焦
点をあて、「ジェンダー平等の実現へ」というゴールに変更すべきではない
かという意見であり、その後、話がまとまっていく。

ロウ：　　I just thought because they had a specific LGBTQ category under ジェンダー
　　　　　平等, So…

シンラン：うん、うん、うん

エミ：　　違うトピックにする、っていうことですか？

ロウ：　　違うゴールにする

シンラン：ゴール5の、ジェンダー平等を実現しよう、にチェンジ？してやる？のが
　　　　　早いんかな、もし

エミ：　　そうかもしんない。

　上述の箇所では、ロウが自分の意見を英語で説明するが、それに対して、ミエは日本語で反応し「違うトピックにする、っていうことですか」と、明確化要求をしている。ロウはそれを受け、日本語で「違うゴールにする」と訂正している。ここでシンランが、話し合いの最も重要な焦点となっている「違うゴールにする」という点を明確にしていく。

　シンランは日本語で話し始めたが、グループが選択したゴールを「違うゴールにする」、つまり「ゴールを変える」ことを、「チェンジ」ということばを用いて確認すると同時に、以下の写真にあるように、指を使って「変える」ことを表すジェスチャーを交えて話している。

　この「チェンジ」ということばを英語と捉えるか、あるいは日本語の外来

シンランの指によるジェスチャー「チェンジ」

語と捉えるかは、判断が難しい。トランスランゲージングの観点からみれば、このことばが「英語」か「日本語」か、という議論をすること自体も適切ではない。しかし、ここでシンランが、単に「変える」ということばを使うのではなく、あえて「チェンジ」ということばを発話したことに、意思疎通を図るための意図があると考えられるだろう。

　このように、課題を協働的に進めていく過程において、「言語」の枠を超えた流動的なやりとりが観察できた。この流動性には 2 つの側面があると言えよう。1 つは、個人が自分の発話内で自然に「日本語」と「英語」を行き来するという側面である。もう 1 つは、グループメンバーの間で、誰かが使った「英語」に対して、ごく自然に「日本語」で返すなどして、やりとりが続いていくという側面である。このようにして、互いの関係性を構築しながら、課題を進め、達成するためのやりとりを行っていることが窺えた。

　冒頭で述べたように、ゾッリ＆ヒーリー（2013）の意味するレジリエンスは「絶えず変化する環境に合わせて流動的に自らの姿を変えつつ、目的を達成する」ことであった。この「多言語の活用」の例では、どの言語でやりとりし課題を進めるかを取り決めるのでなく、参加学生の誰もが「その時、その場」の状況をあるがままに受け入れ、利用可能な言語資源の中から選択したものを用いてコミュニケーションを展開させている。

4.3　口頭ツール・筆記ツールの活用

　最後に、口頭ツール・筆記ツールの活用について紹介したい。このプロジェクトでは、Zoom によるリアルタイムの交流活動だけでなく、オンラインツールの 1 つである Slack を利用し、オフラインでの非同期コミュニケーションも行っていた。グループは課題遂行のために、口頭ツールと筆記ツールの両方を駆使して活動を進めていた。特に Slack のやりとりでは、自分の意見を押し通すのではなく、相手の意向を確認しながら、関係の調整を図っているのが観察できた。

　以下の Slack のチャットは、その日に予定していた交流活動について学生間でやりとりしている箇所である。

Slack チャット①：筆記ツールによる話し合い

　この Slack でのやりとりは、次のタスクの締め切りまでまだ時間があるので、この日は Zoom で話し合う代わりに、各自テーマについて調べ、翌週会わないかと、シンランが提案しているところである。それに対して、ロウは「それもいいです」と答えるが、まだ具体的な内容が決まっていないので、次の発話では「ここで話しましょうか」と提案している。「ここ」というのは Slack の場を指しているが、Zoom を使った口頭ツールでの「話し合い」ではなく、非同期でそれぞれのペースでやりとりができる Slack の筆記ツールを用いた「話し合い」によって、課題を進めているわけである。

　次の Slack のチャットは、グループが選んだテーマに関するオンラインマガジンの作成にあたって、ロウが自分のアイデアを提示するところから始まっているやりとりである。

　まず、ロウが最初にオンラインマガジンのテーマについて新しい提案をしている。「後の話かもしれませんが」というのは「遅いかもしれませんが」という意味であるが、この翌日が発表の締め切りであった。そのため、ロウは、締め切り直前に新しい提案をしたことについて、相手に対する気遣いを織り込んでメッセージを書いていることが窺える。

Slack チャット②：非同期コミュニケーションにおける相手への配慮

　ロウのメッセージに、シンランは「なるほど！すごくいいと思います！」と反応している。それに対して、ロウは「よかったですね！」と書いている。これは「よかったです」という意味であるが、他のグループメンバーに対しても「いいですか？ちょっと遅く話しましたが」と、ロウは再度気遣いを示している。

　この後、ミエもやりとりに参加しているが、このやりとりの部分は、最初から最後まで、実際には６時間ほどかかっている。これは、リアルタイムで時間を共有していない非同期コミュニケーションであっても、共通の課題を達成するという目標と目的のもとで、お互いの考えや気持ち、反応をうかがいながら、言い換えれば、相手との距離感を調整しながら、このような場が構築されていく一例である。

　この「距離感の調整」は、4.1 節の「スピーチ・スタイルの活用」でも取り上げたが、レジリエンスの観点から言えば、環境に自らを適応させながら、目的を達成するためのストラテジーの１つになりうる。プロジェクトを協働で円滑に進めるためには、それぞれが工夫を凝らし、また、メンバーへの配慮や思いやりが必要とされる。そして、そのような配慮や思いやりから生まれる行動こそ、レジリエンスが導くコミュニケーションであると言える

だろう。

5.　おわりに―考察と教育的示唆

　従来のテレコラボレーションによくあるような、単なる「つながり」を目的としたおしゃべりや雑談に終わる活動ではなく、本章では、達成すべき目的のあるプロジェクトにおける実践を紹介し、学生間に何が起こっているかを観察した。結果的に、あらゆる利用可能な資源を用いて、あるいは生み出して、お互いの立ち位置や態度を感じとりながら、関係性を構築し、また調整している様相が明らかになった。このようなレジリエンスが導くコミュニケーションのあり方を考察することによって、新たなテレコラボレーションの実践のあり方を示すことができた。

　本章のテレコラボレーションの実践に限定された事例ではあるが、このグループの学生間のやりとりに見られた「つながり」のあり方は、従来のテレコラボレーションにおける「つながり」と異なる点がいくつかある。従来よく行われてきたテレコラボレーションの形態は、日本語学習者を日本語「母語」話者に「つなぎ」、実際に日本語を使って話す経験をする、あるいは、文化に触れる、などの枠組みや目的で計画されることが多い。そのため、日本からの参加者ははじめから「母語話者」、そして、日本語教室の学生は「非母語話者・学習者」という役割を前提として実践に参加することになる。つまり、母語話者＝教えてあげる人、学習者＝教えてもらう人という二項対立関係をもって交流がなされることが多い。

　一方で、このプロジェクトでは、例えば「母語話者」対「非母語話者」、あるいは「学習者」を超えた対等な関係が見られること、ことばに言及したやりとり、例えば、ことばの訂正や確認がほとんどないこと、事例にあったように多様な資源やレパートリーを駆使して、参加者にとってのつながり方を模索・構築していくこと、などが特徴として挙げられる。

　なぜそのような交流の形が可能になったのかを、教育的示唆、および教師にできる支援から考えてみたい。まず、本実践では、誰もがトランスラン

ゲージ・プラクティショナーであることを考慮して実践を設計し、トランスリンガル・プラクティスの場、つまり「トランスランゲージング・スペース」(Li Wei 2018) を創造・提供した。このトランスランゲージング・スペースでは、学生たちの自立性を尊重し、言語を含め、持てる資源の使用に制限を設けなかった。これは、テレコラボレーションにおける交流活動だけでなく、最終課題の成果物であるオンラインマガジンにおいても同様であった。学生たちは、自分たちのペースで活動に臨み、言語やその他の資源、雑誌のテーマや内容に関して、自律的・主体的にグループでの意見を調整しながら課題を達成した。本実践に関して言えば、教師は進捗状況をサポートするための課題を設定するだけであった。

　トランスリンガル・多言語使用の奨励は、多様な学生それぞれが自らの強みを発揮できる機会となり、学生たちは相手との距離感を交渉しながら、コミュニケーションのあり方を探求していたと言えるであろう。「日本語の教室では「日本語」だけで活動を進める」というルールに縛られた実践は、学習者の多様なコミュニケーションの可能性(すなわち、レパートリー)をある意味、押し潰してしまっているのかもしれないということを、教師としていま一度再考する必要があるのではないだろうか。

注

1　2019 年と 2020 年に学生が完成させたオンラインマガジンは、以下のサイトで一般公開している。https://sophia.smith.edu/sdgs-magazines/

参考文献

神吉宇一・熊谷由理・嶋津百代・福地麻里・グエン ホン ゴック (2022)「SDGs をテーマにした web 雑誌作成プロジェクトと Translanguaging―日米 COIL プロジェクトから」村田晶子 (編著)『国際バーチャル・エクスチェンジ―多文化共生のためのオンライン交流と協働学習』第 7 章，pp.129–146. くろしお出版

熊谷由理・佐藤慎司 (2021)「公正な社会づくりをめざしたトランスランゲージング理

論とその実践」尾辻恵美・熊谷由理・佐藤真司(編)『ともに生きるために―ウェルフェア・リングイスティクスと生態学の視点からみることばの教育』第3章, pp.67–103. 春風社

ゾッリ・アンドリュー・ヒーリー, アン・マリー　須川綾子訳(2013)『レジリエンス 復活力―あらゆるシステムの破綻と回復を分けるものは何か』ダイヤモンド社 (Zolli, Andrew and Ann Marie Healy. (2012) *Resilience: Why Things Bounce Back.* New York: Free Press.)

當作靖彦(2016)「グローバル時代の日本語教育―つながる教育、社会、人、モノ、情報」CAJLE Annual Conference Proceedings. <http://www.cajle.info/wp-content/uploads/2016/09/CAJLE2016Proceedigns_01_TohsakuYasuhiko.pdf> 2021.3.1

トムソン木下千尋(編)(2016)『人とつながり、世界とつながる日本語教育』くろしお出版

Canagarajah, Suresh A. (2011) Codemeshing in academic writing: Identifying teachable strategies of translanguaging. *The Modern Language Journal* 95(3): pp. 401–417.

García, Ofelia. (2011) *Bilingual Education in the 21st Century: A global Perspective.* Hoboken, NJ: Wiley-Blackwell.

Li Wei. (2011) Multilinguality, multimodality, and multicompetence: Code–and modeswitching by minority ethnic children in complementary schools. The *Modern Language Journal* 95(3): pp.370–384.

Li Wei. (2018) Translanguaging as a Practical Theory of Language. *Applied Linguistics* 39 (1): pp.9–30.

Thorne, Steve L. (2016) Forward: The virtual internationalization turn in language study. In Robert O'Dowd and Lewis, Tim (eds.) *Online Intercultural Exchange: Policy, Pedagogy, Practice,* pp. ix-xi. New York: Routledge.

謝辞

本研究で紹介したテレコラボレーションの実践においては、武蔵野大学の神吉宇一氏の多大なご協力がありました。心より感謝いたします。

第 3 部
海外の事例から学ぶ

危機を乗り越える情報伝達とレジリエンス

台湾のコロナ情報発信を例に

中村香苗、涂銘宏

キーワード　台湾、リスクコミュニケーション、情報発信、視覚表現、ミーム

1.　はじめに

　本章では、台湾の中央・地方政府[1]による新型コロナウイルス関連の情報発信の実践例をもとに、パンデミックや自然災害のような予測できない社会危機を乗り越えるための効果的なコミュニケーションについて考察する。特に、リスクコミュニケーションの根幹をなす市民の信頼や共感を得るために、政府がどのような情報発信をし、それがどのように受信、拡散されてきたのかを、「レジリエンス」の観点から読み解いていく。

　台湾では、コロナ禍以前から「レジリエンス」が社会全体のテーマとなっていたが[2]、その成果が如実に表れたのが新型コロナ対応であろう。台湾は2019年の年末に武漢における原因不明の肺炎事例を察知して以降、素早い水際対策および徹底した検査と隔離で、2020年4月には世界に先駆けて本土新規感染者をゼロに抑え込んだ。その間、民間プログラマーと唐鳳（オードリー・タン）デジタル担当大臣の協働によるマスクマップの開発やマスクの実名制販売制度など、IT技術を駆使した対策も早い段階から実施された。

　その後、1年近く落ち着いた生活を送ってきた台湾では、2021年5月中旬のデルタ株流入で本土感染が一気に広がり、警戒レベルはロックダウン1歩手前の3級まで上がった[3]。しかし8月末には本土感染者がいなくなり、再び平穏な日常を取り戻した。2022年2月現在は、春節休みに合わせた海

外在住者の大量帰省とオミクロン株の猛威がぶつかり、海外からの入境者、本土感染者ともに新規感染者数は 1 日 2 桁台に上っている。だが依然、感染爆発と呼ぶレベルには至っておらず、警戒レベルも 2 級に留まっている。

　このように現在まで、台湾はロックダウンや完全な入境禁止をせずに新型コロナウイルスを抑え込んでいる。台湾が他国に比べ防疫に成功しているのは、SARS の教訓や複雑な国際関係などさまざまな要因が複合的に絡んでいることも確かであるが、政府と市民が「防疫共同体」(若林 2020) として一丸となって取り組んだ結果と言えるだろう (詳しくは野嶋 (2020) 参照)。そして、政府と市民が一体感を持つ鍵となったのが、政府からの一貫した情報発信だ。

　次節では、まずレジリエントパワーを培ってきた台湾政府が、コロナ禍においてどのような情報発信を行っているのかを整理する。しかし、政府が一方的に情報を発信しても、それが市民に受信され、広く拡散されなければ、社会の一体感を生む効果は生まれない。そこで 3 節と 4 節では、情報の受信と拡散を促す要素と考えられる、情報提示の視覚的特徴と楽しさ・遊び要素について考察する。最後に 5 節で、危機における情報発信、受信、拡散とレジリエンスがいかに密接に関連しているのかを論じる。

2.　リスクコミュニケーションと台湾政府の情報発信

　World Health Organization (以下、WHO) のホームページ内での解説によると、リスクコミュニケーション (以下、RC) とは「専門家や役人と、生存、健康、経済、幸福の脅威 (危機) に面している人々との間でリアルタイムに情報やアドバイス、意見を交換すること」(筆者による邦訳、以下同様) であり、その最終目的は「危険にさらされている誰もが脅威 (危機) を軽減する詳しい知識に基づいた決定ができ、防護や予防のアクションが取れること」とされている。RC は「知識を持つ者 (専門家)、責任を持つ者 (権力者) と影響を受ける者との間の信頼」があって初めて成り立つのであり、「人々の信念や不安、見解を聞いたり理解したりすることも、事実やアドバイスを伝える

ことと同様に重要」である。

　コロナ禍が始まって以降、台湾の中央政府から全権限を委ねられた中央流行疫情指揮センター（以下、台湾 CECC）の情報発信は、上記の RC の理念を体現してきた。具体的には図 1 のように、毎日午後 2 時に記者会見を開き、新規感染者数や各感染者の疫学調査結果など、プライバシーに配慮しつつ詳細な情報が公表される。また、刻々と変化する状況に合わせた労働規定や交通規定の改定、経済や教育政策の変更、ワクチン接種の方法なども、本記者会見の席で各部署の責任者から説明される。

図 1　台湾 CECC の記者会見の様子
出典：衛生福利部疾病管制署 YouTube チャンネル「2022/02/10 14:00 中央流行疫情指揮中心嚴重特殊傳染性肺炎記者會」（https://www.youtube.com/watch?v=6kgwFpcenGM）より筆者によるスクリーンショット

　この定例会見は、2020 年 1 月 20 日に台湾 CECC が設立されてから 6 月 7 日まで 140 日間連続、合計 167 回開かれた。それ以降は、感染が収まると毎週 1 回に、本土感染者が出始めると毎日、さらに緊急時には 1 日に 2 回と頻度を変えながら、現在まで継続的に行われている。さらに台湾 CECC 側からの説明が終わると、時間制限を設けず質問が尽きるまで記者からの質問に答えるのも本会見の特徴である。これは、台湾 CECC がいかに RC の理念である市民の声を聞くことの重要性を認識しているかを示していよう。

　WHO のホームページでは、「RC はソーシャルメディアからマスメディアまで様々な通信技術や利害関係者、地域活動などを使って行われる」と述

べられている。メディアに関して言えば、台湾 CECC の記者会見は、多く
のニュース番組でライブ中継されるだけではなく、衛生福利部疾病管制署
（台湾 CDC）の YouTube チャンネルでもライブ中継され[4]、衛生福利部や台
湾 CDC の Facebook（以下、FB）および台湾 CDC の LINE グループでも毎
日配信される[5]。現在、台湾 CDC の YouTube チャンネル登録者数は約 26.1
万人で、最近（2022 年 2 月 11 日）の動画視聴回数は、中国語字幕付き・字幕
なし動画合わせて約 14.5 万回であった。デルタ株流入で警戒レベルが 3 級
に上がった 2021 年 5 月 20 〜 30 日にかけては、視聴回数が 1 日 80 万〜 102
万回にも上った。

　一方、日本の場合は、厚生労働省の YouTube チャンネル登録者数が 9.65
万人で、チャンネルのホームにリストされている 2022 年 1 月と 2 月の厚生
労働大臣の記者会見動画の視聴回数は、どれも 1000 回に満たない[6]。日本の
人口が約 1 億 2,000 万人、台湾の人口が約 2,300 万人であることに鑑みると、
台湾でどれほどの人が中央政府から直接コロナ情報を得ているかがわかる。

　もちろん日本と台湾では、コロナ対策における中央政府と地方行政の権限
や役割が異なるため、単純な比較は適切ではない。そこで地方行政の首長
による情報発信も比較してみよう。台湾では、午後 2 時の台湾 CECC の記
者会見が終わると、3 時か 3 時半から各地方都市の市・県長が会見を行い、
当該市・県のその日の感染状況などを発表する[7]。その模様も YouTube でラ
イブ中継され、市・県長本人や市・県の衛生局の FB に掲載される。台湾
の首都、台北市（人口約 250 万人）の柯文哲市長の定例会見は、本人の公式
YouTube チャンネルで配信されている。登録者数は 52.7 万人で、最近の動
画（2022 年 2 月 9 日）の視聴回数は 1.6 万回であった。

　一方、東京都（人口約 1,400 万人）の小池百合子知事は毎週金曜日に定例会
見を行っており、その動画は東京都の公式 YouTube チャンネルで見ること
ができる。登録者数は 15.7 万人だが、2022 年 1 〜 2 月にかけての定例会見
の視聴回数は毎回 5,000 〜 1 万回弱であった[8]。ただし、2020 年 12 月 17 日
のような臨時記者会見になると視聴回数が 9 万回に上ることから、日本では
何か特別な場合には政府の情報にアクセスする人が増えるものの、台湾のよ

うに定期的に政府から情報を得る人は少ないようだ。

　そもそも台湾と日本では日常における人々のインターネット利用状況が異なることが、以下のように指摘されている。

　　台湾では、インターネットへの接触率が高く、フェイスブックと LINE という二つの SNS の利用率も極めて高い。情報はあっという間に拡散して共有され、一つのテーマに対する社会の関心がタイムラグなく一気に集中する傾向が、日本などでは想像がつかないほどに強い。

（野嶋 2020: 211）

つまり、台湾政府は市民のインターネット利用状況を十分に理解し、コロナ禍の RC においてもその特性を有効に利用していると言える。しかし、政府が一方的に情報を発信しても、市民の側にそれを受信、拡散する動機が高まらなければ、理解や共有、共感には繋がらない。次節では、情報受信の鍵の1つとなる視覚表現について考察する。

3.　視覚表現の多用とビジュアル・グラマー

　台湾政府が記者会見でコロナ情報を発信する際に特徴的なのが、毎回必ず複数のフリップを使用することである。まず最初に提示されるのが、その日の新規感染者情報だ（図2）。現在は春節休みの帰省をする海外在住者の感染例が多発しているため、入境者の新規感染者数(49)が中央に最大フォントで表されている。その右側には入境者の新規感染者中、空港検疫による陽性数(23)と隔離中の陽性数(26)が飛行機と家のピクトグラムとともに記されている。左側の 11 と 0 という数字は、それぞれ本土新規感染者数と新規死亡者数を示している。つまりこのフリップを見れば、記者会見をじっくり聞かなくともその日の感染状況が一目瞭然なのである。

　会見中は話題が変わるごとに新しいフリップが提示される。例えば図3の右のフリップでは、疫学調査にもとづいて誰から誰へ感染が広がったのかが

図 2　新規感染者情報のフリップ

出典　図 1 と同じ

図 3　疫学調査結果のフリップ

出典　図 1 と同じ

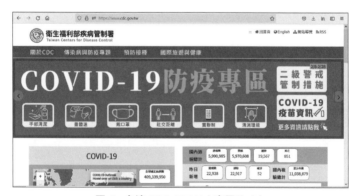

図 4　台湾 CDC のコロナ専用サイト

出典　2021 年 9 月 13 日のページ（https://www.cdc.gov.tw/）から筆者によるスクリーンショット

図5　衛生福利部公式 Twitter
出典　2022 年 2 月 14 日の Twitter から
　　　筆者によるスクリーンショット

図6　台湾 CDC のコロナ専用 LINE グループ
出典　2022 年 2 月 14 日の LINE から筆
　　　者によるスクリーンショット

図7　厚生労働省のコロナ専用サイト
出典　2021 年 9 月 13 日のページ（https://www.mhlw.go.jp/stf/seisakunitsuite/bunya/
　　　0000164708_00001.html）から筆者によるスクリーンショット

視覚的に示されている[9]。

　ホームページや SNS 上の情報発信でも、台湾は視覚表現を多用する傾向
が顕著である（図 4, 5, 6）。日本と比較すると（図 7, 8）、テキスト表現に頼り
がちで色も少ない日本に対して、台湾では色や字体、文字サイズが多様で、
絵文字やイラストも使われている。例えば、図 7 は背景と文字に黒、白、青

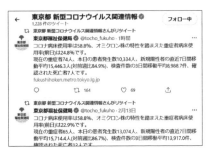

図8 東京都新型コロナウイルス関連情報 Twitter
出典 2022年2月13日の Twitter から筆者によるスクリーンショット

の3色しか使われていないが、図4は7色使われている上に、警戒レベルや感染者数が赤やピンクで記され、重要情報が目立つデザインになっている。

次に、FBによる情報提示の特徴を検証する。台湾人のFB使用率は非常に高く、2020年1月時点で約1,800万アカウント(人口比78%)が使用されている[10]。そのため、台湾の政治家にとってFBが有権者への重要な情報発信

図9 高雄市長の FB 投稿
出典 2022年2月10日のページから筆者によるスクリーンショット

図10 新北市長の FB 投稿
出典 2021年9月11日のページから筆者によるスクリーンショット

ツールとなっている。図9と図10は台湾第2の都市、高雄市長と、人口最多の新北市長のコロナ情報の投稿である。投稿中央の1番大きな画像の中には、2人がマスクを着けて記者会見をする姿が写っている。さらに高雄市長は手に持ったフリップで、新北市長はその画像の背景に、大きく目立つ色の文字でその日の最重要情報を提示している[11]。(高雄では「新学期が2/14からに変更」、新北市では「感染者0」だが「広域PCR検査は継続する」こと。)

　FBで画像を複数投稿する場合、自動的に1枚目は大きく、2〜4枚目は小さく表示され、それ以上はクリックしなければ見られない仕様になっている(高雄市の4枚目の画像上の「+6」はあと6枚画像が掲載されていることを示している。)このようなFBの構造を巧みに利用して、2人の首長は防疫の模範的な姿で仕事に取り組む自分自身をアピールしつつ、その日の再重要情報および比較的重要な情報を一目でわかるように提示しているのである。

　Kress and van Leeuwen (1996) は、文字要素と視覚的要素との相互作用により社会的意味が創出されることを「ビジュアル・グラマー」と呼んだ。台湾の複数の首長が同様の情報提示の仕方をしていることに鑑みれば、これは台湾の政治家が市民との信頼や共感を構築し、効率的な情報伝達を達成するためのビジュアル・グラマーと言えるのではないだろうか。

4.　ミーム文化―「遊び」による情報拡散

　前節で述べた通り、コロナ禍に面して市民と政府の間に信頼と一体感を構築するには、正確な情報とその効率的普及のためのチャンネルが必要だ。唐鳳デジタル担当大臣は、The International World Wide Web Conference Committee (IW3C2) の主催する「WWW 2020 グローバルインターネット会議」の開会スピーチの中で、台湾のデジタル防疫成功の3原則は「Fast, Fair, Fun」であると語った[12]。

　パンデミック下では、人々の集団的不安を制御することは困難で、さらにフェイクニュースの横行により容易にパニックや買いだめが引き起こされる。台湾でも2020年のコロナ流行初期にはSNS上で、マスクの原料であ

図 11　フェイクニュースを正す広告
出典　蘇貞昌行政院長の FB、2020 年 2 月 7 日のページより筆者によるスクリーンショット

るパルプが大量に使用されトイレットペーパーが在庫切れになるという噂が
広まる「トイレットペーパーの乱」が起こった。唐鳳は前述の開会スピーチ
において、「Humor Over Rumor」の宣伝方法が効果を発揮した例としてこ
の現象を挙げた。この時、行政院チームはすぐに、「咱只有一粒卡臣」(私た
ちのお尻は一つだけ：筆者邦訳) という蘇貞昌行政院長の庶民的なスローガ
ンを添えて[13]、マスクとトイレットペーパーの原材料および産地の相違を示
すポスターを作成し、SNS で宣伝したのである (図 11)。これによりフェイ
クニュースはすぐに排除され、人々の不必要なパニックは落ち着いた。この
実践について、唐鳳は具体的に以下のように説明している[14]。

　　私たちはミーム工学を応用し、事実に基づいたユーモラスなイメージや
　　テキストが噂よりも速く広まるようにしました。これが、台湾の民衆が
　　パンデミックの最中でも冷静でいられる方法の一つなのです。

　　　　　　　　　　　　　　　　　　　　　　　　　　　　　　(筆者邦訳)

　唐鳳によれば、フェイクニュース対策は感染症の原理に例えられる。すな
わち、ミームの画像 1 枚 1 枚がワクチン 1 本 1 本なのである。正しい情報

を面白い手段で包み込み、人々が笑うことで抗体が作られる。それを見聞きした人には免疫力がつき、もはやフェイクニュースが横行することはできないというわけだ[15]。つまり、正確な情報の効率的な拡散とは、イメージとテキストの協働による遊びの原則と大衆心理のガバナンスに基づいて、人々の中にフェイクニュースに対する免疫抗体および非日常の不安に対するレジリエンスを育むことだと言える。

　しかしながら、フェイクニュースに打ち勝つために正しい情報を用いることは、権威主義による「不透明な」情報の独占管理とは異なる。台湾が取った戦略は「incentive over coercion（強制よりも促し）」だ。重要な原則は、情報とコミュニケーションの「透明性」である。ここで言う「透明性」には二重の意味がある。1つは、政府が国民に提供する情報を改ざんしたり隠ぺいしたりしないこと。もう1つは、情報の明瞭さとスピード、つまり「漫画式、ミーム式」のビジュアル・グラマーにより、情報が過多で複雑にならないことだ。

　ここで、ミームの理論と、SNS時代のビジュアルコミュニケーションにおいてミームが果たす役割について説明したい。ミームとは何か。この概念はどこから来たのか。この用語が最初に登場したのは、イギリスの進化生物学者 Richard Dawkins の 1976 年の著書『The Selfish Genes』（邦題『利己的な遺伝子』(2006)）である。Dawkins の定義によると、ミームは「文化伝達の単位、あるいは模倣の単位という概念を伝える名詞である」（ドーキンス 2006: 296）。文化伝達の最小単位としてのミームには、1) 文化伝達の単位、2) 模倣の単位、3) 脳に存在する情報の単位という3つの側面がある。

　ミーム（meme）は、「音素 (phoneme)」（スピーチにおける発音の最小単位）や「形態素（morpheme）」（単語中の意味の最小単位）という語同様、ギリシャ語の mimeme（から生まれた「模倣（mime）」）という語源から来ており、人類が他の人類へ「模倣されたもの」を伝えることを意味する。ミームの実用的な例には、旋律やキャッチフレーズ、ファッションなどが含まれる。

　では、なぜミームが重要なのか。なぜそれは世界各地で開花し広まっているのか。ミーム（meme）は遺伝子（gene）と類似の発音と動作原理を持ってお

り、「ゲームのような方法で相互作用する」という人間の社会性[16] と、人間心理における模倣・複製したいという欲望からなる。模倣する遊び心のあるコミュニケーションとして、ミームの「最小単位」という特性はきわめて重要だ。SNS による情報爆発時代のコミュニケーションでは、情報は圧縮やフィルタリング、再創作される必要がある。したがって、情報流通の速度は、1 単位の情報量とデコード方法の「極端な簡略化」および「改造可能性」に依存している。

　Dawkins のミーム伝達理論を継承した Susan Blackmore は、情報文化の進化の歴史について以下のように述べている。

　　成功したミームは複製されて広まるものだが、失敗したものはそうではない…私たち人間は模倣の力を持つがゆえに、ミームが動き回るのに必要な物理的「ホスト」になった。これが「ミームの視点」から見た世界の有様なのだ。　　　　　　　　　　　　（Blackmore 2000: 7–8 筆者邦訳）

　つまり、新しいデジタル視覚文化の世界では、「ゲームのように」面白く簡潔で 2、3 回創作可能な情報であればあるほど、「ホスト＝公衆」によってより積極的に複製され、効率的に広められ、シェアされ、結果的に人々が政策に協力する健全な公衆衛生と防疫システムを確立するのに役立つのだ。Aaron Lynch の疫学的見解が示すように、ミームの急速な人から人への拡散は、ウイルスの感染と拡散パターンに非常によく似ている（Lynch 1998）。上記のミーム理論によれば、世界的なコロナ危機下では、ウイルスの複製力と感染速度を超える正しい情報の拡散力が必要であり、毒を持って毒を制すの如く、視覚に指向したミームのソフトパワーが頼りだ。これが唐鳳の論じた概念、ミーム抗体の実践である。

　過度に接続されたデジタル参加型文化（participatory culture）では、ネット化されたミーム戦争が強力な社会的および政治的影響を生む。比較メディア研究者 Henry Jenkins（2009）は、"if it doesn't spread, it's dead"（広まらないなら、それは死んでいる：筆者邦訳）と主張する。正確で透明な情報の拡散は、

パンデミック禍の新しい日常では（ワクチンや公共政策が成功するか否かにおいて）明らかに死活問題だ。このポスト真実のヘテログロシア時代[17] に、将来再び地球規模の様々な災害に直面した際、ポストコロナの免疫学ガバナンスの観点[18] から、いかに正しい情報の普及を促進し、市民に心理的抗体を生成し、情報戦で引き起こされる混乱によって生み出されるさらに大きな被害と危機を回避して一致団結できるかは、各国の政府、知識人、そして市民が避けて通れない課題である。

5.　おわりに
—台湾のコロナ情報発信から見る「レジリエンス」とは

　結論として、柔軟性がありミーム化された台湾のコロナ情報発信から、私たちはどのような価値や意義を見出せるだろうか。以下に、3つの観点から提言する。

5.1　外国語教育に関して

　まず、言語教育者が目指すべきことは、「言語・テキスト中心」の思考から脱却し、デジタル環境でのテキストとイメージの大量繁殖による、ビジュアル・グラマーや複雑なハイブリダイゼーション、それらの潜在的矛盾など、より包括的なメディアリテラシーを追究することだ。言語教育者がそのような新たな視野を持たなければ、ビジュアル指向のグローバルなSNS文化に熟達することはできないだろう。メディアリテラシーの政治的意味には、メディアにおける明示的または暗示的な暴力や差別に気づく能力も含まれ、そのためにはイメージとテキストの相互作用、および文化伝達の文脈を包括的に把握する必要がある。またビジュアル・グラマーとしてイメージとテキストを駆使するためには、教育により文化の違いや多文化に対する意識を高めることも重要だ。このようにイメージとテキストを柔軟に活用できるようになることが、レジリエンス訓練・思考の1つの意義と言えよう。

5.2　コミュニケーション理論と実践に関して

　ゲーミフィケーションの世界において、デジタル文化伝達はミーム戦争の戦場だ。瞬時のフィードバックがありヘテログロシアなインターネット環境では、「即時性」と「信頼性」が非常に重要なインパクトファクターとなっている。スピードと効率で学習し、正しい情報をパッケージ化して凝縮し、検証済みの透明な情報を効率的に広めることによってのみ、優位に立ち、フェイクニュースを撃退し、自分自身とコミュニティを保護することができる。教師も学習者も「ミーム的な」情報伝達方法を深く理解し操作する方法を学ぶことで、より複雑なネットワーク情報を「解釈、フィルタリング、再創作」するための抗体が得られる。「楽しく遊び心のあるコミュニケーション」とは、柔軟で、感染力が強く、共感を呼びやすいコミュニケーション手段の1つだ。もちろん、遊びの理論を理解し使用することは、コミュニケーション教育の一部にすぎない。遊びの限界をいかに省み、また他のアプローチや分野とどのように連携するかがさらなる課題であろう。レジリエンス訓練・思考により日常生活のコミュニケーションや仕事の効率をいかに強化できるかが、2つ目の意義である。

5.3　レジリエンスと危機管理の意義

　大規模な公共危機の際に最も重要なことは、集団的パニックを回避し、全市民の協力を得ることだ。台湾の防疫の例から学べることは、台湾政府の行政部門がデジタル通信の秘訣を理解してさまざまな分野の才能を柔軟に活用し、正しいデータ、インテリジェンス、およびイメージ設計が協働できるプラットフォームを確立し、ウイルスのように拡散される情報を創り出すことで、危機の際に最大の共鳴（resonance）を得ることができたということだ。台湾の防疫プラットフォームに現れた活気に満ちたミーム式情報は、混乱と危険を引き起こす情報をすばやく取り締まり、初期段階で人々を安心させ、人々の信頼と共同体の感覚を獲得した。レジリエンス訓練・思考によりいかに緊急事態に対処できるか、これが3つ目の意義と言えよう。

注

1　台湾では 2020 年 1 月 20 日、衛生福利部（厚生労働省に相当）傘下の疾病管制署（台湾 CDC）内に、陳時中衛生福利部長を中心とした専門家機関「中央流行疫情指揮センター」（台湾 CECC）が開設された。以降、新型コロナウイルスに関する一切の情報や規制はこのセンターから発せられている。本章で「中央政府」として扱うのは、主に台湾 CDC および台湾 CECC からの情報発信のことである。

2　蔡英文総統は 2019 年に、「堅靭之國」の推進を提唱した。両岸政策協会副秘書長の張宇韶 (2020) によれば、「堅靭之國」とは台湾の「靭実力（レジリエントパワー）」を通して北京の「ハードパワー」に対抗するという概念である。

3　台湾では警戒レベルを 1 級から 4 級まで定め、レベルに応じて社会活動の実施方法に制限が生じる。4 級がいわゆるロックダウンに相当するレベルであるが、これまで 4 級が発布されたことはない。

4　台湾 CDC の YouTube チャンネル <https://www.youtube.com/user/taiwancdc>。記者会見の動画は、字幕なし版と中国語字幕付き版の 2 種類用意されている。

5　衛生福利部公式 Facebook < https://www.facebook.com/mohw.gov.tw/>、台湾 CDC 公式 FB <https://www.facebook.com/TWCDC>。

6　厚生労働省公式 YouTube チャンネル <https://www.youtube.com/user/MHLW channel>。

7　台湾は 6 つの直轄市と 18 の県、3 つの市からなる。県と市は対等のレベルであり、日本のように県の下に市が位置づけられているわけではない。

8　東京都公式 YouTube チャンネル <https://www. youtube.com/user/tokyo>。

9　感染者は通し番号で示される。

10　『Jan's Tech Blog』参照 <https://tech.azuremedia.net/2021/02/15/8460/> 2022.2.14

11　他の首長の FB でも同様の投稿の仕方が多見される。

12　ウェブ記事「唐鳳上課囉！WWW2020 向全球分享台灣防疫數位創新」参照。

13　このスローガンが台湾の公用語である中国語ではなく台湾語で書かれていることも、庶民的な印象を与える一因となっている。

14　同注釈 12

15　ウェブ記事「【2020 十大人物】唐鳳──數位科技防疫於無形, 她讓世界看見台灣」参照。

16　古典ドイツ語の game の語源は gaman である。Ga は「集合」の語源で、man は「人間」の意味であり、組み合わせて「人の集合」という意味になる。さらに、中世英語の gamen にはスポーツやエンターテイメントという含意があり、「ゲーム」の快楽原則と社会集合的相互作用を表現している（「Wiktionary--game」参照）。

17　バフチンの「ヘテログロシア」の概念を引用し、主にグルーバル社会における多文化・多言語を反映したさまざまな「声」、およびインターネットの世界で競り

合う言説が氾濫している現代の状況を指している。

18　免疫学によると、免疫には自然免疫 (innate immunity) と獲得免疫 (adaptive immunity) の2つのカテゴリーがあり、ここで論じているのは後者である。「ワクチン接種は、特定の病原体を中和する方法を「学習」することにより、生物が防御能力を高めることができるという考えと関連している」(筆者邦訳) (Pradeu 2019: 7) 如く、教育においてメディアリテラシーの「学習」を推進しておくことは、特に災害時の誤情報に対する大衆の免疫力を高めることになる。

参考文献

野嶋剛 (2020)『なぜ台湾は新型コロナウイルスを防げたのか』扶桑社

Blackmore, Susan (2000) *The Meme Machine.* Oxford: Oxford University Press.

Dawkins, Richard (1976) *The Selfish Gene: 30th Anniversary Edition.* Oxford: Oxford University Press. (リチャード・ドーキンス 日高敏隆・岸由二・羽田節子・垂水雄二訳 (2006)『利己的な遺伝子 (増補新装版)』紀伊國屋書店)

Kress, Gunther R. & van Leeuwen, Theo (1996) *Reading Images: The Grammar of Visual Design.* Abington, Oxon: Routledge.

Lynch, Aaron (1998) *Thought Contagion: How Belief Spreads Through Society.* New York: Basic Books.

Milner, Ryan M. (2016) *The World Made Meme: Public Conversations and Participatory Media.* Cambridge, MA: MIT Press.

Pradeu, Thomas (2019) *Philosophy of Immunology.* Cambridge: Cambridge University Press.

ウェブサイト

蕭閔云「【2020 十大人物】唐鳳──數位科技防疫於無形，她讓世界看見台灣」『數位時代 BUSINESS NEXT』Business Next Media Corp. <https://www.bnext.com.tw/article/58394/audrey-tang-2020?> 2022.2.14

太報「唐鳳上課囉！WWW2020 向全球分享台灣防疫數位創新」『太報 Tai Sounds』LINE Corporation　<https://today.line.me/tw/v2/article/3lyZoy> 2022.2.14

張宇韶「Yahoo 論壇／張宇韶 2020 年 10 月 12 日　透過「韌實力」回應世界與兩岸變局 是蔡英文今年雙十講話關鍵」『Yahoo! 新聞』Yahoo! <https://tw.news.yahoo.com/-yahoo 論壇張宇韶透過韌實力回應世界與兩岸變局 - 是蔡英文今年雙十講話關鍵 -230003771.html> 2022.3.10

若林正丈（2020）「私の台湾研究人生：選挙共同体と防疫共同体―1983年増加定員選挙から新型コロナ時代へ至る台湾政治の歩み」『nippon.com』公益財団法人 Nippon Communications Foundation　<https://www.nippon.com/ja/japan-topics/g00858/> 2022.3.10

Jenkins, Henry. (2009) If It Doesn't Spread, It's Dead (Part Two): Sticky and Spreadable― Two Paradigms. *Confessions of an ACA-FAN*. Henry Jenkins. <http:// henryjenkins. org/2009/02/if_it_doesnt_spread_its_dead_p_1.html> 2022.2.14

Wictionary. Game. *Wictionary*. Wikimedia Foundation. <https://en. wiktionary.org/ wiki/ game> 2022.2.14

World Health Organization. Emergencies: Risk Communication. *World Health Organization.* <https://www.who.int/news-room/questions-and-answers/item/ emergencies-risk-communication> 2022.3.26

謝辞

本研究は台湾科技部専題研究計画「隔離時代的群我論與遊戲學」（MOST 110–2410-H-032 -034 -）の助成を受けています。

レジリエンスの再評価と教育の再考
日本とニュージーランドにおける
COVID-19 パンデミックの体験

チャプル・ジュリアン

キーワード　ニュージーランド、日本、教育

1.　はじめに

　COVID-19 のパンデミックは、短期的利益に目を向けた経済システム、脆弱な経済を支えるグローバルな相互依存性、そして、民族、経済、社会、ジェンダーの不平等を継続させている社会構造の断層線といったような今日の社会を悩ませている数多くの複雑な問題を露見させ、浮き彫りにしている。感染者 4 億人以上、死者 600 万人以上（2022 年 3 月時点）と公衆衛生の危機が日々報道でリアルタイムに伝えられているが、世界中の教育においても、今回の大流行によって第二次世界大戦以来最大の中断が発生し、危機が生じている。ほとんどの国の政府は、ウイルスの伝播を抑えるため学校閉鎖を余儀なくされており、UNESCO の推計では、世界中の学生のうち少なくとも 60％がその影響を受け、150 か国で 11 億 9 千万人の生徒が学校に登校できないでいる（UNESCO 2020）。一時的であれ教育にアクセスできないことは、生徒に不利な影響を及ぼす。短期的な影響のみならず、中退率の増加や、将来の社会経済的機会の減少といった長期的な影響にもつながる。

　その結果、今回のパンデミックは教育神話のある種の「リセット」（Dobson & Boland 2020）として、教育改革の「危機的あるいは触媒的」きっかけのいずれとなるのか（Reimers & Schleicher 2020）ということに関する関心や議論が高まってきている。Harris（2020）が述べている通り、新しい教育令が登

場するかどうか、あるいは、古い教育令はただ消えていくのかどうか、そ
れを判断する十分なデータはまだないが、教育システムは今や、自ら望め
ば、COVID-19後の世界における人間社会を、再考し再構築する必要性と
機会とを手に入れている。実際のところ、「今こそ、教育のための反応の速
いレジリエントな未来をより詳細に想像し、その実現に挑むときである」
（OECD 2021: 16）。

　しかし、経済や市場の必要性から急激な変化が余儀なくされる一方で、教
育などの社会システムは、しばしばそれに抗い、「伝統的な」方法を維持し
て、何十年も変わらなかった自らの構造を守ろうとする。この、変化に対
する抵抗あるいは不能性は、固定化された官僚主義的なシステムに起因する
ことが多い。思考様式に反映されたものは「サイロ思考」と呼ばれることも
ある[1]。もし世界中の国々が変化を起こせれば、次世代に大きな影響を及ぼ
す可能性が高い。多くの国々は今、かつてない課題を目の前にして急速に進
化する世界の中で、教育の目的を再評価する機会を手にしている。必要なこ
とは、抜本的な革新、教育方法の根本的な再考と新たな教育目標の形成であ
る。この教育目標は、社会および環境のウェルビーイング、公衆衛生、経済
公平性にまつわる考えを再び結び付け、持続可能なものであるべきである。

　これらを考える際のカギ概念がレジリエンスである。以下で詳しく述べる
が、レジリエンスは一般に、何らかの衝撃から「跳ね返る」力のことをい
う。一方、「何がレジリエントな社会を作るのか」という問いに答える際、
コモンウェルス・ピープルズ・フォーラムは2015年に、単に現状に跳ね返
るだけでは欠陥のあるシステムに戻るだけで、それに対処することあるいは
構造改革の実現を目指すことを意味しない、と記している（Commonwealth
People's Forum 2015）。COVID-19パンデミックから数年が経ち、より大き
な困難に直面している今、我々が持つ欠陥のあるシステムを、是正する方法
を実行する、またとないチャンスを私たちにもたらしている。そして教育
は、それを始めるのに理想的な場である。なぜなら、レジリエントな社会を
構築するには、社会の発展と対話に目をむけるアプローチの転換だけでな
く、市民が実質的な変化を要求することを可能にする教育の力も必要となる

からだ（Commonwealth People's Forum 2015）。

　本章では、記述的研究と分析的研究の方法を使って、2つの国の事例から、教育システムに関連するレジリエンスの理解を検証し、それがパンデミックの初期の段階にどのようなインパクトをもたらしたのかを検証することを目指す。そして、文献を分析することで、すべての子どもにより良い教育体験をもたらし、より大きい、社会全体の利益につながる、より効果的なモデルを創造するために、どのような変化を実行に移すことが可能であるかを明らかにする。特に、レジリエンスの概念が教育システムに適用されるときの、意味と活用に注目することで、パンデミックの体験が体系的な教育変化をいかに誘発しうるのか、その変化とはどのようなものか、そしてそれが未来の学校や次世代の生徒にとってどの程度重要になるのかを確かめる。

　ここでの議論では、有害事象に対処でき、それを乗り越えられる、レジリエントな教育システムを構築することが、教育の基本的人権を満たし、経済が必要とするレベルの人材を短期的および長期的に生み出すために不可欠であることを提案する（OECD 2021）。ここでは、個人ではなくシステムに焦点を当てる。なぜなら、生徒個人のレジリエンスは、彼らが生活する地域社会、通学する学校、そして教育システム全体に依存しているからである（OECD 2021）。

　ニュージーランド（以下 NZ）と日本は多くの点で異なる国々だが、教育におけるレジリエンスの適用に関してはいくつかの類似点があり、役に立つ解釈や事例があることが示された。このたびのパンデミックに生徒、学校、教育システムがどう対応してきたのかを見ることで、社会における教育とコミュニケーションの役割と責任とを明らかにする。

2.　レジリエンスとは何か

　レジリエンスの概念を本格的に分析し定義することは本章の範囲を優に超えるが、先へ進む前にこのことを簡単に理解しておくのは有用である。英語の"resilience"（レジリエンス）は、「すぐに元に戻る」あるいは「はね

返る」ことを意味する、ラテン語の "resilire" に由来する（Merriam Webster Dictionary オンライン）。主として物理学で、「弾力性のある素材がエネルギーを吸収し「元の形に戻ろうとして」それを解放する力」として使用されてきたが、「一時的な攪乱の後に変化を吸収し通常の安定あるいは均衡に戻る力」として、生態学の世界で幅広く使用されるようになり、人文科学でも使用されるようになった。

　初期のレジリエンス研究では、子どもおよび個人の、"invulnerable"（動じない）Anthony 1974（Fleming & Ledogar 2008: 8 にて引用）あるいは "invincible"（めげない）Werner & Smith 1982（Fleming & Ledogar 2008: 8 にて引用）といった、目に見える絶対的な質に焦点が当てられていた。しかし、どの要素がどの程度に特定されているのかに応じて定義が変わってくることから、レジリエントという用語それ自体が今も論争の的であり続けている。そしてその定義は、レジリエンスを研究する研究者のさまざまな専門的コンテクスト、関心、理論的立場が反映される。つまり、生態学から、生物学、社会制度、社会学、災害研究、工学、公衆衛生、人類学、心理学、地理学にいたるまで、さまざまなコンテクストやさまざまな専門家に応じて、レジリエンスは実に多くの意味を持つ（Adams-Hutcheson 他 2019、Aldrich & Meyer 2015、Davidson 他 2016、Schipper & Langston 2015）。

　過去 10 年間で、Google の検索トレンドで "resilience meaning"（レジリエンス、意味）の検索が大幅に増えていることからこの言葉の多様性が明らかである（https://trends.google.com/trends/explore?date=all&q=resilience%20meaning）。そしてそれは、例えば Southwick 他（2014）のような、「レジリエンスという単語は単体ではほとんど意味はなく、…意味を持つのは、それを修飾した場合のみである」（p.6）といった主張にもつながっている。

　レジリエンスは今では、一般に性格特性 Luthar & Cicchetti 2000（Khanlou & Wray 2014 にて引用）とは捉えられておらず、困難な出来事にさらされ「前向きに」適応することを意味するダイナミックなプロセス（Fergus & Zimmerman 2005、Khanlou & Wray 2014: 65 にて引用）、困難な出来事に適応する「能力」、あるいは成功した適応の「成果」（Masten 他 1990、Shaikh

& Kauppi 2010: 156 にて引用) として受け入れられているように思われる。その範囲も、個人の特性だけでなく、集団、コミュニティ、組織、制度が困難な出来事に直面し、いかに対処するかというところまで含むように拡大されている。

レジリエンスという概念は、ますます今日的な概念となっている "wellbeing" に直接関係しているし相互に交換可能に使用されることもある。ウェルビーイングは、「気分がよくかつ効果的に機能できること」と定義されている (Huppert & So 2013: 837)。世界が COVID-19 で混沌とした状況に陥るずっと前、世界中の（とりわけ）若者の間で急増した精神衛生の問題を緩和するために、生徒および教師向けに以前より多くのウェルビーイングプログラムが実施されていた。よって、「教育の分野における過去 10 年間における最大の問題は、ウェルビーイングとレジリエンスだったことは間違いない」(White & McCallum 2020)。

一方、人間は自らをレジリエントにすることはできず、レジリエントになるよう自ら訓練することもできないということも、私たちは忘れてはならない。人間にできることは、重大なリスクや困難な出来事にうまく対処するための適応能力と、自らの能力を高めるストラテジーとを学ぶことである (Whatman & Harvey 2020)。それらを養うのは教育制度の能力および役割であり、以下の節では、これらを詳細に検討し、最後にコミュニケーションの重要性について論じる。

3.　教育制度におけるレジリエンスの重要性

すでに述べた通り、本章の主眼は教育制度におけるレジリエンスの概念および重要性にある。個人のレジリエンスは社会の複数の層に深く依存しているため、その制度のさまざまなレベルの中で、個人がそうした制度や周囲の世界といかに交流しているのかを見ることができる (Southwick 他 2014: 12)。Bronfenbrenner (1979) の人間発達の生態学的フレームワークを幅広く適用して、マイクロシステム、メゾシステム、エキソシステム、マクロシス

テム、クロノシステムの各レベルにおけるレジリエンスの役割を検証しよ
う。反応の速いレジリエントな教育制度は、異なるレベルでレジリエンスを
促し反応の速い政策エコシステムの開発を必要とするため、このフレーム
ワークは重要である（OECD 2021: 17）。

　Banerjee 他（2016: 8）は、教育のテーマとしてのレジリエンスの概念と子ど
ものレジリエンスに関して学校が果たす役割に、近年注目が集まってきてい
ると述べている。「学校を基盤とした多様な実践や、子どもたちに影響を与
える長期間の体験を考慮すると、学校はこの点に関してうってつけの立場に
ある」と彼らは提案する。Henderson（2012）は、学校は、現代の子どもおよ
び若者のレジリエンスを養うために不可欠な環境と保護的条件とを提供でき
るしまた提供しているという実証研究結果を報告している。つまり、政策立
案者は、レジリエンスは教育から始まるということを念頭におく必要がある
（Gavari-Starkie 他 2021）。レジリエントな個人、言い換えれば、日々の課題
に適応し、コミュニティで積極的役割を担い、不安定で、不確実で、曖昧に
なっていく世界情勢に対応できる人材は、教育という場で育成されるという
ことである（Schleicher 2018）。

　しかし、それは単一あるいは単独のプロセスではない。効果的に実行する
には、学校が、複雑なタスクに対処し、それを教育プログラムの中心に配置
し、幅広いウェルビーイング戦略に組み込んで、学校全体のシステムにおい
て不可欠な要素として認識する必要があることも、先行研究から明らかであ
る（Whatman & Harvey 2020: 26）。Reivich（2008）は、生徒のレジリエンスを
高めるために、教師が教室で促すことのできる 7 つの学習可能なスキルを提
案した。7 つのスキルとは、感情の認識（emotional awareness）、衝動のコン
トロール（impulse control）、現実的楽観主義（realistic optimism）、柔軟な思考
（flexible thinking）、共感（empathy）、自己効力感（self-efficacy）、リスクの覚
悟（risk-taking）である。

　同様に、Ungar 他（2007）もレジリエンスに必要な生徒の 7 つのリソースを
まとめている。7 つのリソースとは、(1) 物質的リソース、(2) 支援的な関係、
(3) 好ましい個人のアイデンティティの発達、(4) 力と制御の体験、(5) 文化

的伝統の順守、(6)社会正義の体験、(7)他者との社会的結束の体験である。また、世界経済フォーラム(2015)は、これまで以上に予測不可能になる世界で求められる主要な性格属性に「気概、ねばり強さ、適応力」を掲げている(Weston 2019: 12)。

　私たちは、こうした概念から、どの要素が必要なのかその全般的感覚をつかむことができる。学校のコミュニティはますます多様化してきており、ツールとしてのレジリエンスは、マイノリティ(民族、性、言語、宗教、身体その他)と何らかのリスクにさらされているコミュニティの双方に配慮し役立つことができるように留意する必要がある。

　次節では、ニュージーランド(以下NZ)と日本で実施された取組のみならず、すでに存在していたレジリエンスに関連する哲学的基礎がいかに活用されたのかも検証することで、両国の教育制度が、混乱する危機に対処するためどのように準備されていったのか、そして、「ニューノーマル」な未来に備えるため、さらに何をする必要があるのかを考察する。以下の節では、NZと日本の教育制度におけるレジリエンスの概念、およびパンデミックに対するそれぞれの教育の反応に焦点を当てる。

3.1　日本の教育におけるレジリエンスの概念

　池田(2020)によると、日本ではレジリンス研究が知られるようになって20年程であり、学校教育における実践活動の報告はまだ多くない。レジリエンスのが疑念を活用する動きが様々な領域で起き始めているにも関わらず、学校教育ではなかなか広がっていないのが実情である(池田2020)。また、インターネットの検索から明らかになったことは、日本の教育におけるレジリエンスの概念を調べた近年の調査の大半が、自然環境や災害対策関連の防災教育に焦点が偏りすぎていること、あるいは、中等教育以降においては、キャリア形成や就職活動への関心が強いことである。

　確かに、レジリエンス教育の(主として災害関連の)問題に対処するという点において、日本は間違いなく世界のリーダーである。2019年には、インフラ、組織、経済、社会の4つの主要領域の概要を示す、国の第2次国土強

靱化基本計画が施行された。教育領域でのレジリエンスの概念に関しては、2006年改正の教育基本法において、「個人の価値を尊重することで、個人の能力を伸ばし、創造性を養い、自主性と独立性を育むこと」（第2条）、ならびに「国および地方の政府が、個人と地域および社会全体の要望に応え、地域や社会の中で行われる教育を促すこと」（第12条）と述べられている。さらに、2017年に発行され2020年から2022年にかけて実施された新学習指導要領には、(a)独立心のある個人を育成し、対話的な学びの体験を生み出す「アクティブ・ラーニング」、(b)科数探求、世界史探求、地理探求、総合的な探求の時間などの新しい科目が含まれている（Yamanaka・Suzuki 2020）。

　レジリエンスという用語は、回復力、立ち直る力、復活力などと訳されることが多い（https://eow.alc.co.jp）。文部科学省は、レジリエンスという用語の意味を日本語で明確に定義しているようにはみえないが、手がかりとなる要旨を見つけることはできる。例えば、文部科学省研究開発学校指定校である広島大学附属三原小中学校の研究開発実施報告書によるとレジリエンスには以下の要素が含まれる。「粘り強く取り組む力」（困難な状況においても挑戦し続けることができる）、「コラボレーションする力」（公正な態度をもって、価値観の異なる他者と協働することができる）「複眼的に思考する力」（1つの出来事や事実を多くの異なる視点から違う見方をすることができる）である（広島大学 2021）。文部科学省のウェブサイトの英語版でレジリエンスを検索すると13件しかヒットせず、うち4件は宇宙カプセルの名前、4件は災害復旧に言及したものだった。日本語版でも、「政策分野：教育」の項目で14件がヒットしたのみで、うち4件は、上記の広島大学における研究プロジェクトに関するものだった（何れも2022年3月10日検索）。

　日本国内ではレジリエンスという用語に関する研究や活用について遅れているものの、海外において日本は注目の的になりつつある。とりわけ日本における都市災害のレジリエンスについてGavari-Starkie他（2021）は、日本の教育制度の模範的側面として、日本の防災教育をあげ、国レベル地域レベル（あるいは学校レベル）で行われる防災訓練を含む学校内外の学びの中に取り入れられていると評価している。

　素質を伸ばすということに関連して、心理学者の Duckworth は、ベスト
セラーとなった著書『やり抜く力』Grit の中で、日本の教育システムをレジ
リエンス(彼女の言葉でいえば "grit")の指導モデルとして提示している。レ
ジリエンスに起因するもので、近年使われることが急速に増えた別の用語
に「生きる力」(zest for living)がある。「生きる力」は、論理的思考能力、概
念を理解する能力、生徒の批判的思考能力の発達を可能にする「経験学習」
の開発を目指して、指導要領に初めて盛り込まれた。さらに、学校行事など
の特別活動も盛り込まれ、チームワークと協力に重点がおかれている。例え
ば、地域の住民を学校に招き課外活動をサポート頂くことで、教師が教育上
の問題に専念することを可能にしながら、地域社会を学校制度の中に取り込
みホリスティックアプローチを維持する仕組みがある。
　日本の教育制度の限界で最も顕著なのは、レジリエンス関連の活動に充て
られる授業時間の少なさ、そして、新しい取り組みを試してみようという土
壌がないことなど、困窮している状況においても現在のシステムや体制を変
化させようという姿勢があまり見られない(池田 2020)点が挙げられる。こ
うした制度の硬直性は、レジリエンスの訓練プログラムを制度全体で拡大す
る上で、不利に働くように思われる。

3.2　ニュージーランドの教育におけるレジリエンスの概念

　日本同様、NZ でも、公式の教育文書でレジリエンスの重要性が述べられ
ている。教育省(2018)による、Statement of Intent(主旨書)には、学校がウェ
ルビーイングを促進する必要性が述べられている。そこには、「我々は国民
を、優れたコミュニケーション能力と対人能力を備え、他者と協力しており
び独立して働くことのできる、レジリエントで、創造的で、適応力のある人
間にする必要がある」と記されている (Ministry of Education 2018: 12)。こ
の目標を実現するため、ウェルビーイングとレジリエンスのライフスキルを
養うための機会が、複数のプログラムで若者に提供されている。全国的に管
理されているわけではないが、国内のさまざまな地域のさまざまな学校で、
こうしたプログラムが採用され、これまでよりも記録され分析されることが

増えている。

　このようなプログラムの例として、1つめは元々はオーストラリアで行われていた「レジリエンスプロジェクト」がある。このプロジェクトでは「レジリエンスを養うために、エビデンスと実践的なウェルビーイング戦略とに基づく感性に訴えるプログラム」を提供している (https://theresilienceproject.org.nz/wp-content/uploads/2021/07/2022-NZ-Schools-Program-Brochure.pdf)。このコースは、4つの柱（感謝、共感、マインドフルネス、感情リテラシー）を基盤とし、多くの学校で行われてきた。

　2つめが、Skylight Trust という非営利団体が実施している "Travellers Programme"（トラベラーズプログラム）がある。8週間のコースは、変化に対処しレジリエンスを養えるよう若者を支援することを目的としている。プログラムの評価では、変化や課題を乗り越えるためのレジリエンスと能力が向上したことが、成果の1つとして報告されている (Robertson 他 2012: ix)。

　3つめの例として、"My FRIENDS Youth Resilience"（マイフレンズ・ユースレジリエンス）は、首相の青少年メンタルヘルスプロジェクトの一環として 2013 年に開始されたものである。トラベラーズプログラム同様、このプログラムは認知行動療法の原理を基盤としおり、プログラム中だけでなくプログラム外の場でも教師と生徒をサポートするガイダンスカウンセラーが含まれている。プログラムの調査によれば、教師の 77%は、他の指導の場でこのプログラムのさまざまな側面を活用したと回答しており、認知行動療法の原理が、プログラム以外の指導においても有用であることが示されている (MacDonald 他 2015)。

　NZ と日本の大きな違いは、NZ の学校には、どのプログラム、リソース、支援等が必要かを独自に判断し、特定の環境や現場のニーズに合わせてカリキュラムを調整する自由が与えられていることである。こうした柔軟性と自由は、同国で COVID-19 のパンデミックに対処することを容易にしたのもしれない。次節で、両国の教育に関するコロナ禍に対する対応を比較して考察する。

4.　教育への COVID-19 のパンデミックの影響

　コロナウイルスの大流行は、世界中の人々のあらゆる側面に深刻な影響を及ぼしている。両国とも異なる時期および期間に、ロックダウンあるいはその他措置が講じられ、対面の授業はオンラインの同時的なあるいはオンデマンドの(非同時的な)授業に置き換えられた。

4.1　ニュージーランドにおける COVID-19 への対応

　NZ では、国あるいは地方によるロックダウンや個々の学校閉鎖、そして継続的な不確実性および新しい要件(消毒やソーシャルディスタンシングなど)により、学校教育に大きな混乱が生じた。こうした混乱は、生徒と教師の両方に、遠隔のオンライン授業にすばやく適応することを要求された。ある調査では、教育方式の唐突な変化にもかかわらず、NZ の多くの子どもたち(64%)が、頻繁にあるいは常に学校とつながっているように感じると回答している (Meissel 他 2021)。自由回答式の質問では、ロックダウン中の学習では独立性が増し、自由時間が増え、自主管理が増えたなど、遠隔授業の日課における柔軟性に満足していると回答した生徒もいた (Meissel 他 2021)。この結果は、Yates 他 (2020) がまとめた高校生の結果に非常に似ている。NZ では、高校生も、課題の取り組みにおける主体性が増し、時間管理の柔軟性が増したことに満足していると回答していたのである、Yates 他 (2020)では、高校生たちが、同級生や担任の教師と生産的に協力していることも明らかにされている。

　学校は、生徒のウェルビーイングを支援するために行うべき新たな方法を編み出してきた。初期の調査や生徒および教師の語りから次のようなことが明らかになった。ロックダウン中およびそれ以後に、生徒のウェルビーイングとレジリエンスを学校がどのように支援するのかについては、ウェルビーイングを優先し、プレッシャーを調整し、家族や学校との関係の構築／強化していることが明らかになった。学校が、自宅学習を楽しいものにし、学習のためのリソースや機会を与えるだけでなく、義務的にさせるのでなく選択

肢を与えるようにし、新しい活動(ガーデニングや料理など)を用意して子ど
もたちがさまざまな方法で学び、互いに思いやりを持てるようにするなどし
て、子どものウェルビーイングをサポートし、よく対応してくれたと保護者
たちが感謝している状況が報告されている(ERO レポート 2021)。こうした
活動や取り組みは、前述の Reivich (2008) がまとめたレジリエンスの特性の
一覧に合致し、柔軟さや共感性の能力に育成につながるものとなっている。

　学校が実施したカリキュラム変更を考察すると、ウェルビーイング、文化
と多様性、デジタルリテラシー、実践的かつ創造的な作業、学習領域の統
合、生きるためのスキル、そしてキーコンピテンシーが、これまで以上に重
視されることが多くなった (Education Review Office 2021: 21-22)。一部の学
校では、指導方法に変更を加えると、ユニークな授業が増え、反転授業が採
用され、生徒に主体性を持たせ、時間割を柔軟にする傾向があった。また、
教員助手、ソーシャルワーカー、カウンセラーなどの補助職員を活用して、
教師が生徒を支援する時間を確保できるようにしていることも報告されてい
る。さらに、学校は、連絡の回数を増やして(電話、オンラインなど)生徒の
成長に関する報告を協力的に行い、家庭での生活に基づく学習体験、生徒の
目標設定における保護者の参加などの戦略を用いて、学習に焦点を当てた家
族との関係およびコミュニケーションの強化を目指した。

　パンデミックによる教育への影響に対処するために開始されたユニークな
プログラムの1つが、教師が異例の事態に対処し、コミュニケーションを強
化し、ウェルビーイングや帰属の意識を養えるよう支援するために設計され
たオンラインのオープンアクセスリソース "Te Rito Toi" である。パンデミッ
クに対する政府および社会の広範囲にわたる反応が反映されており、マナア
キタンガ(manaakitanga)を中心としたアプローチを特徴とする。

　マナアキタンガはマオリ語で、共同体のウェルビーイングは個人のウェル
ビーイングと同等かそれ以上に重要であるという意味を持つ (O'Connor &
Estellés 2021)。マナアキタンガは、個人よりも集団を重視しており、ヨー
ロッパの伝統的な社会規範よりも日本の社会規範に近く、NZ における生
活の多くの側面を下支えしているアプローチである (O'Connor & Estellés

2021)。マナアキタンガは、英語では“hospitality”（ホスピタリティ）と訳されることもあるが、この言葉には、「おもてなし」に似た、愛、寛容さ、相互尊重などの概念を含むもう少し広い意味があり、両国の類似性が反映されている。

4.2　日本における COVID-19 への対応

　多くの先進国で比較的すみやかにオンライン授業への移行が行われたのに対し、日本の多くの学校は、移行には課題があると考えていた。日本の生徒の中には、当初、春休みまでもたせるための宿題を手に入れるために、閉鎖前に学校に戻ることを要求された子どももいた（Kittaka 2020）[2]。こうした、デジタル教育に対する熱意の低さ（Yamamoto 2020）や、オンライン授業に方向転換できないことは、日本が、IT 技術を教室に取り入れるという点で他の国々に比べ後れを取り続けている現実がもたらした結果である。導入が進まないことには、多くの理由があるように思われる。1 つには、教育を行う「型」に対する古くからの根強い信念、とりわけ保護者が、必要な技術が果たす役割を理解していないこと、ペーパーテストによる入試向けに生徒を教育することを学校に期待していることなどが挙げられる（Kittaka 2020）。また、制度の硬直、そして計画や予算準備の欠落も挙げられる。

　こうした準備の欠落が、いくつかの統計でマイナスに表れていることは否めない。OECD の 2018 年の教育と IT に関する調査では、宿題のために情報通信技術を使用するという点で日本は最下位にランクされ、宿題のためにコンピュータを使用できることや勉強のための静かな場所があることの両方の点で、OECD の平均を下回った（Reimers & Schleicher 2020）。また、デジタル機器を授業に取り入れるために必要なスキルを教師が持っていると考えると回答した学校の割合も、日本は最下位だった。驚くことに、統計では、教師の準備と訓練に関しても絶望的な状況が示されている。デジタル機器を使った授業に備えるための十分な時間が教師にはある、そのためのインセンティブが提供されている、資格を持った技術補助教員が十分に配置されている、効果的なオンラインの支援プラットフォームが利用できる、といったカ

テゴリのすべてで、日本は最下位にランクされている。事実、2018 年の調
査で、日本はすべてのカテゴリで OECD の平均を下回った。

　自宅の学習環境で機器、インターネット、高品質な教育にアクセスすると
いう点での教育格差はすでに拡大していたが、パンデミックの影響でさらに
増幅されたのである。日本はこれまで、住んでいる場所に関係なく全生徒に
同一レベルの教育と機会とを提供できることを誇りとしてきた。しかし、コ
ロナ禍の休校によって、教員、学校、自治体などで独自に判断しなければ
ならなくなり、実践のばらつきが大きくなった。「同じような教育機会」を
提供できていないことが誰の目にも明らかになった (松岡 2020)。「日本の多
くの私立学校は、遠隔授業の準備をすぐに行ってこれに移行した」(同) が、
公立学校は概して、まったく対応できていないようだった。おそらく、まっ
たく予想していなかった出来事だったのだろう (O'Donoghue 2020 による引
用)。

　日本の教育制度は、これまで第 1 級でありかつ創造的でないと言われてき
たが (Gavari-Starkie 他 2021)、今や、より柔軟で反応の速い解決策をみつけ
るという任務を全体として課せられているのである。そこでは、他の模範的
な部分を残しながら創造性を高めることが課題となる。文部科学省は、改善
を約束し、楽天との協力による GIGA (Global Information Gateway for All)
スクール構想により、できる限り早急に「1 人 1 台」を実現させ、生徒の自
宅とつなげるコミュニケーション環境を整備するために、ハードウェア、ソ
フトウェア、人材の準備を加速させている (文部科学省 2020)。制度それ自
体が依然上意下達の指示に依存し、また創造的な解決策を生み出す経験に乏
しいことから(ゆとり教育の導入とその後の廃止はその典型である)、これで
十分かどうかは現時点では不明である。

5.　レジリエントな教育制度の再考

　Buzzanell (2010、2018)は、レジリエンスを、混乱によって引き起こされ、
5 つのサブプロセスを伴う、適応─変化のプロセスとして理論化した。5 つ

のサブプロセスとは、(1)新しい常態を創造する、(2)困難な時期に重要なアイデンティティを確認または固定する、(3)顕著なコミュニケーションネットワークを使用もしくは維持する、(4)代替の論理を機能させることによって従来の考え方、やり方の先にある人生をみる、(5)生産的アクションを前景に、非生産的行動やネガティブな感情を後景におくである。私たちは、堅牢な適応―変化の設計および実行を通じて、教育制度のマイクロ・メゾ・マクロの各レベルで、およびそれらを横断して、体系的なレジリエンスを培うことができる。

COVID-19 のパンデミックによって、教育制度が動揺し根本的な課題を突き付けられていることは明らかであり、世界が変化しニューノーマルの創造が必要とされる中、制度がパンデミック以前の状態に完全に戻ることは疑わしい。教師、教育機関、教育制度が単一の未来に備えて準備することは、もはや不可能である(OECD 2021: 3)。

今後は、生徒と教師は、オンライン授業と対面授業を組み合わせた混合(ハイブリッド)学習を活用することがますます増え、コミュニティとのつながりを育てる様式が、オンライン学習を成功させるために不可欠となる。しかも、こうした移行は永続的なものとなる (Borke Vanhorn 2021)。この移行には課題が多いが、カギとなるのは、共感、効力感、そして開かれた顕著なコミュニケーションネットワークである。

制度がこれまでよりも柔軟になりレジリエンスが高まれば、その中にいる生徒もより柔軟になり、レジリエンスが高まる。よって、我々の教育制度を、柔軟になるよう調整することが重要であり、制度を設計する主体は、制度のレジリエンスを、単に「跳ね戻る」だけでなく「前に向かって跳ねる」ようにするために継続的に計画し推進していく必要がある (Hynes, Linkov, Trump 2020)。政策立案者や指導者の側に、持続可能性につながるように、環境的なウェルビーイング、社会の健全性、経済の公平性に配慮した新たな教育ビジョンが求められているのである。

実質的な観点でいえば、新しい制度は、生徒、教師、学校を支援するように、マイクロ、メゾ、エキソのシステムレベルで開発する必要がある。第 1

に、生徒には、より包括的なウェルビーイングの支援が必要となる。メンタルヘルスの問題は世界中で深刻さを増しているが、今回のパンデミックはそれを一層強めたことに過ぎない。カウンセラーや補助教員の活用を増やすだけでなく、教科の教え方を見直し、現代社会のニーズに対応させたり、若者に課せられているストレスを認識したりすることが必要になる。優れた模範として挙げられることの多い選択肢の 1 つが、探求者、知識豊富な人、思考家、伝達者、信念がある人、進取の気性に富む人、思いやりのある人、冒険家、バランスの取れた人、思慮深い人といった、国際感覚を持つ人間を育てるよう設計された国際バカロレア（International Baccalaureate、IB）である。日本と NZ では共に、IB のフォーマットを採用する公立学校が増えてきている。生徒たちが、おそらく現在とは大きく異なっているだろう未来の労働市場で必要とされるスキルを学べるよう、指導の方法だけでなく、カリキュラムそれ自体を更新していく必要がある。デジタルの時代に教師たちは、21 世紀のリテラシーとは何かについて、伝統的な学習を置き換えるだけでなくそれを補完することで、自らの理解を広げていく必要がある（Bryant 他 2020: 5）。日本は、2020 年から小学校でコンピュータプログラミングのスキルを習得する授業を導入しており、上記の GIGA プログラムは好調なスタートを切っている。

　第 2 に、教師に関していえば、養成と育成を考える必要があるだろう。教師の役割は間違いなく変わるため、そのための準備や継続的なトレーニングの調整が必要になる。教師の役割という点では、クラスに 2 人以上の教師を配置する動きがすでに一部の学校に出ている。例えば、Orewa College など NZ の一部の学校では、少人数の授業（20 〜 25 人の生徒に教師 1 人）から、65 〜 90 分のブロック授業を合同で行う（75 人の生徒に教師 3 人）アプローチへと変化させている。同時に、教師の役割は、ファシリテーター・モチベーター（学習の動機を与える人）・マネージャー（進捗を管理する人）へと進化していく見通しである（Kang 2021）。新たなトレーニングのスタイルや専門能力開発の考え方も求められている。例えば、現場の実践で学習を支える医学部と病院のつながりに似た、教員養成と地域の学校とのつながりは、新し

いアイデアの1つである (Bryant 他 2020)。大きな議論を呼ぶ可能性はあるが、こうした改革のプロセスでは、教師とのコミュニケーションおよび教師の専門知識に対する信頼が不可欠である。教師の知識をほとんど信頼せず、彼らの専門的判断の価値を過小評価するといったアプローチは、「良好な指導に影響を及ぼし、制度のレジリエンスを弱体化させる」(University College London (n.d.))。さらに、地域社会の教育機関における反応の速さとレジリエンスとを強化するには、教師に、ローカルのレベルで変化を起こすためのツールと能力とが与えられなければならない (OECD 2021)。

　第3に、学校制度は、代替の論理を機能させることで、リスクを進んで負って自らの構造、方法、政策を見直し、従来の思考方法および教育方法の先をみる必要がある (Buzzanell 2010、2018)。例えば混合授業／反転授業をこれまでよりも積極的に活用したり、スケジュール、物理的スペース、イベント、教育目的に対して創造的かつ柔軟になるようなアプローチである。当然、それには新たな評価のアプローチも必要になる。現在の試験の仕組みは、不適当で逆効果なプレッシャーを学校に与えており、したがって抜本的な見直しが必要である (University College London (n.d.))。1回きりのペーパーテストに依存しすぎる日本の入学試験は、将来の混乱への対処という点で、多くの問題をはらんでいるし、能力開発と学習における生徒の主体性を支援するという点において有用性が疑わしいことは言うまでもない。同様に、制度全体が透明性を高め説明責任を果たすために、インプットとフィードバックとが可能になるよう、さまざまなレベルでコミュニケーションの有効性をさらに発展させる必要がある。

6.　まとめ

　このたびのパンデミックは、私たちが課題の多い、絶えず変化する環境に生きていることを私たちに再認識させた。教育機関と制度は、先の見えない混乱の中で成功するために、よりレジリエントになる必要がある。なぜなら、「レジリエンスは個人、機関、地域社会に、社会的、経済的変化の中

で成功するために必要な、柔軟性、知識、反応性を与えるものだからだ」
(OECD 2021: 5)。より柔軟でレジリエントな教育制度を採用することで、
多くの国々が直面している社会的、経済的な問題の数は、減少していくはず
である。

　システムおよびコミュニケーションの側面からみると、学校は、生徒やそ
の周囲の環境(家族や隣人)だけでなく、地域や社会全体と継続的につながっ
ている。教育制度のすべてのレベルを横断したコミュニケーションは、レジ
リエンスの役割と重要性とを増やし強化するために不可欠である。その結
果、相互のフィードバックと相乗効果の発生とを特徴とするシステムにおい
て、よりレジリエントな社会や都市を作るには、まず、教育制度の課題に対
処することが必要になる。日本とNZの教育制度は、それぞれに違いはあ
るが有効であることは明らかであり、それぞれの制度にレジリエンスを適用
することで、他の国々よりもうまくCOVID-19に対処することにつながっ
ている。いずれの国も、決して理想ではないが、教育および社会全体でレジ
リエンスを高めることの利点が実証されており、今後のモデルを研究する上
で有益な事例である。

　そして私たちは、将来を見据えてこれらを見る必要がある。COVID-19
のパンデミックは、現代の生徒が満たすべきスキルと要求とを、作り変え
る流れを加速させた。有能な人材に対する競争がますます激しくなるだろう
(Chen 他 2021)。生徒の学習とニーズとを支援できるようにするには、指導
方法、指導技術、評価の方法(そしてそれらの利点の再評価)という観点か
ら、我々の教育の柔軟性を高められるようにしていく必要がある。何にもま
して、パンデミックは、教師が主導する「教官型」から、共に学ぶ「共観型」
のシステムへとパラダイムを転換させるインセンティブを我々にもたらした
のである。

注

1　「サイロ思考」とは、組織内の各部門が組織全体のことを考えず、自己部門のことだけを考えること。
2　日本国内では、2020年3月から一斉休校となり最長で約3カ月に及んだ。

参考文献

池田誠基（2020）「レジリエンスを実現するための学校教育実践に関する研究」http://repository.hyogo-u.ac.jp/dspace/bitstream/10132/19119/1/ikeda.pdf

広島大学（2021）研究開発実施報告書 https://www.hiroshima-u.ac.jp/system/files/172919/広島大学附属三原中学校他2校 %E3%80%80 実施報告書(R1年度).pdf

松岡亮二（2020）「新型コロナが突きつけた「教育格差」（前編）」, https://www3.nhk.or.jp/news/special/education/articles/article_19.html

Adams-Hutcheson, G., White, I., Glavovic, B., & Lawrence, J. (2019) *Fit-for-purpose resilience in Aotearoa New Zealand: Challenges and recommendations.* [Report for the National Science Challenge: Resilience to Nature's Challenges]. University of Waikato. Retrieved December 20, 2021, from: URL https://resiliencechallenge.nz/wp-content/uploads/2019/12/Adams-Hutcheson-White-Glavovic-Lawrence-2019.pdf

Aldrich, D. P., & Meyer, M. A. (2015) Social capital and community resilience. *American Behavioral Scientist*, 59 (2), 254–269.

Banerjee, R., McLaughlin, C., Cotney, J., Roberts, L., & Peereboom, C. (2016) *Promoting Emotional Health, Well-Being and Resilience in Primary Schools.* Public Policy Institute for Wales.

Borke Vanhorn, S. (2021) *Addressing Classroom Communication Post Covid-19: Challenges and Changes.* Retrieved November 12, 2021, from: https://www.natcom.org/spectra/addressing-classroom-communication-post-covid-19-challenges-and-changes

Brofenbrenner, U. (1979) *The Ecology of Human Development: Experiments by Nature and Design.* Cambrigde, MA., Harvard University Press.

Bryant, J. Dorn, A. Hall, S., & Panier, F. (2020) Reimagining a more equitable and resilient K–12 education system, McKinsey & Co. https://www.mckinsey.com/industries/education/our-insights/reimagining-a-more-equitable-and-resilient-k-12-education-system

Buzzanell, P. M. (2010) Resilience: Talking, resisting, and imagining new normalcies into being. *Journal of Communication*, 60, 1-14.

Buzzanell, P. M. (2018) Communication theory of resilience: Enacting adaptive-transformative processes when families experience loss and disruption. In D. Braithwaite, E. Suter, & K. Floyd (Eds.) *Engaging Theories in Family Communication* (2nd ed., pp. 98-109). New York, NY: Routledge.

Chen, L., Dorn, E., Sarakatsannis, J., & Wiesinger, A. (2021) *Teacher Survey: Learning Loss is Global – and Significant*. McKinsey & Company. https://www.mckinsey.com/industries/education/our-insights/teacher-survey-learning-loss-is-global-and-significant

Commonwealth Foundation People's Forum. (2015) What Makes Societies Resilient? Retrieved November 10, 2021, from: https://commonwealthfoundation.com/wp-content/uploads/2017/01/Commonwealth-Insights-What-makes-societies-resilient.pdf

Davidson, J. L., Jacobson, C., Lyth, A., Dedekorkut-Howes, A., Baldwin, C. L., Ellison, J. C., Holbrook, N. J., Howes, M. J., Serrao-Neumann, S., Singh-Peterson, L., & Smith, T. F. (2016). Interrogating resilience: Toward a typology to improve its operationalization. *Ecology and Society*, 21(2), art 27.

Dobson, S., & Boland, N. (2020) Pandemic shifts some education myths. *Victoria University Online*. Retrieved November 10, 2021, from: https://www.wgtn.ac.nz/news/2020/08/pandemic-shifts-some-education-myths

Duckworth, A. L. (2016) *Grit*. New York, NY: Scribner.

Education Review Office. (2021) *Learning in a Covid-19 World. The impact of Covid-19 on Schools Report*. Retrieved January 11, 2022, from: https://ero.govt.nz/our-research/learning-in-a-covid-19-world-the-impact-of-covid-19-on-schools

Fleming, J., & Ledogar, R. J. (2008) Resilience, an Evolving Concept: A Review of Literature Relevant to Aboriginal Research. *Journal of Indigenous Wellbeing: Te Mauri—Pimatisiwin*, 6(2), 7–23.

Gavari-Starkie, E., Casado-Claro, M. F., & Navarro-González, I. (2021) The Japanese Educational System as an International Model for Urban Resilience. *International Journal of Environmental Research and Public Health*, 18(11), 57-94.

Harris, A. (2020) COVID-19 – School Leadership in Crisis? *Journal of Professional Capital and Community*, 5 (3/4), 321–326.

Henderson, N. (2012) Resilience in Schools and Curriculum Design. In M. Ungar (Ed.), *The Social Ecology of Resilience* (pp.297-306). New York: Springer.

Huppert, F. A., & So, T. T. C. (2013) Flourishing across Europe: Application of a new conceptual framework for defining well-being. *Social Indicators Research*, *110* (3), 837–861.

Hynes, W., Linkov, I., & Trump, B. (2020) New Approaches to Economic Challenges: A Systemic Approach to Dealing with Covid-19 and Future Shocks. http://www.oecd.org/naec/projects/resilience/NAEC_Resilience_and_Covid19.pdf

Kang, B. (2021) How the COVID-19 Pandemic Is Reshaping the Education Service. *The Future of Service Post-COVID-19 Pandemic, Volume 1: Rapid Adoption of Digital Service Technology*, 15–36. https://doi.org/10.1007/978-981-33-4126-5_2

Kittaka, L. (2020) *Coronavirus crisis offers chance to update Japanese schools.* (April 20). https://www.japantimes.co.jp/community/2020/04/20/issues/coronavirus-crisis-japanese-schools-online/

MacDonald, J., Bourke, R., Berg, M., & Burgon, J. (2015) It's, like, trying to make us better people - My FRIENDS Youth final evaluation report. *Ministry of Education.*

Meissel, K., Bergquist, M., & Kumarich, J. (2021) The Growing Up in New Zealand COVID-19 Wellbeing Survey. Auckland: *Growing Up in New Zealand*, *2021.*

MEXT. (2020) Education in Japan beyond the crisis of COVID-19 -Leave No One Behind. https://www.mext.go.jp/en/content/20200904_mxt_kouhou01-000008961_1.pdf

Ministry of Education. (2018) *Statement of Intent 2018-2023.* https://assets.education.govt.nz/public/Documents/Ministry/Publications/Statements-of-intent/Statement-of-Intent-2018-2023-web.pdf

O'Connor, P., & Estellés, M. (2021) Te Rito Toi in New Zealand: A Caring Response to the Pandemic. Front. Educ. 6:750905. doi: 10.3389/feduc.2021.750905

O'Donoghue, J. (2020) In era of COVID-19, a shift to digital forms of teaching in Japan Teachers are having to re-imagine their roles entirely amid school closures. https://www.japantimes.co.jp/news/2020/04/21/national/traditional-to-digital-teaching-coronavirus/

OECD. (2021) Education Policy Outlook 2021: Shaping Responsive and Resilient Education in a Changing World, OECD Publishing.

Reimers, F., & Schleicher, A. (2020) A framework to guide an education response to the COVID-19 pandemic of 2020. *OECD Publishing*.

Reivich, K. (2008) The seven ingredients of resilience. www.cnbc.com/id/25464528

Robertson. S., & Boyd, S. (2012) The Travellers programme: A way of supporting young people to manage their wellbeing. Set: Research Information for Teachers, 3, 67–74.

Schipper, E. L. F., & Langston, L. (2015) A comparative overview of resilience measurement frameworks (W.P. No. 422). *Overseas Development Institute*.

Schleicher, A. (2018) World Class: How to Build a 21st-Century School System, Strong Performers and Successful Reformers in Education. *OECD Publishing*.

Southwick, S. M., Bonanno, G. A., Masten, A. S., Panter-Brick, C., & Yehuda, R. (2014) Resilience definitions, theory, and challenges: Interdisciplinary perspectives. *European Journal of Psychotraumatology*, 5.

UNESCO. (2020) *Education: from disruption to recovery.* https://en.unesco.org/covid19/educationresponse

Ungar, M., Brown M., & Liebenberg, L. et al. (2007) Adolescence, 42: 287–310.

University College London. (n.d.) Building a more resilient education system post-COVID. https://www.ucl.ac.uk/ioe/research-projects/2022/jan/building-more-resilient-education-system-post-covid

Weston, K. (2019) Cultivating Resilience in Children and Young People. *Eton Journal for Innovation and Research in Education*. Eton College.

Whatman, J., & Harvey, K. (2020) *A Rapid Review of Resilience in Schools: Working Paper*. New Zealand Council for Educational Research. https://wellbeingatschool.org.nz/sites/default/files/documents/Resilience-in-schools-Rapid-review-Working-paper.pdf

White, M., & McCallum, F. (2020) Responding to teacher quality through an evidence-based wellbeing framework for initial teacher education. In J. Fox, C. Alexander, & T. Aspland (Eds.). Teacher Education in Globalized Times: Local Responses in Action (pp. 115–137). Springer.

World Economic Forum. (2015) Global competitiveness Report. http://www3.weforum.org/docs/gcr/20152016/Global_Competitiveness_Report_2015-2016.pdf

Yamamoto, S. (2020) Coronavirus shows Japan lagging in online education. *NHK World-Japan Online*, June 16, 2020. https://www3.nhk.or.jp/nhkworld/en/news/backstories/1137/

Yamanaka S., & Suzuki H. (2020) Japanese Education Reform towards Twenty-First Century Education. In: F.M. Reimers (ed.) *Audacious Education Purposes: How Governments Transform the Goals of Education Systems* (pp. 81–103). Springer Open; Cham, Switzerland.

Yates, A., Starkey, L., Egerton, B., & Flueggen, F. (2020) High school students' experience of online learning during Covid-19: the influence of technology and pedagogy. *Technology, Pedagogy and Education*, 1-15.

第4部
これからの教育で大切にすべきこととは

ウェルビーイングを目指した
ことばの教育
多様性に拓かれたことばの教育の学習環境デザイン

岡本能里子

キーワード 学びの共同体、アンラーニング（まなびほぐし）、Society 5.0、
振り返り（リフレクション）、リワイヤリング

1. はじめに

　本章では、まず、近年の社会状況の変化やコロナ禍前後の教育政策・施策
について概観する。そしてこれからの社会を担う人材に求められる他者との
対話を通して「共感的」な関係を構築し、協働で「主体的に」取り組む力の
育成を目指した授業デザインのあり方を模索する。本書の共通テーマである
「レジリエンス」に焦点をあて、授業後に行った振り返りシートの分析と受
講生の変化を紹介する。人との非接触を余儀なくされ、直接の対面コミュニ
ケーションの制限による関係構築が難しい状況下で、学生たちはどのように
他者とつながりながら学んでいくのだろうか。本章を通して、不確実性の時
代において、近年組織論や教育実践において注目されている「アンラーン（ま
なびほぐし）」[1] の観点から、with コロナ、ポストコロナ時代におけるウェル
ビーイングの実現を目指した学習者主体の「レジリエント」な学習環境デザ
インへの示唆と課題について考える機会としたい。

2. 「レジリエンス教育」の必要性の背景

2.1　社会の変化

　佐藤(2021a)は、「第四次産業革命」までの近年の大きな変化を、以下のようにまとめている。

表 1　産業革命によるネット変化

	時期	主な変化	主な実践国
第一次産業革命	18 世紀半ばから 19 世紀	蒸気機関 機械化	イギリス
第二次産業革命	19 世紀後半	電力化学技術	アメリカ・ドイツ
第三次産業革命	1980 年代以降	IT 革命 コンピュータ	アメリカ　GAFA
第四次産業革命	2012 年から	AI ナノテクノロジー ビッグデータ	ドイツ・アメリカ

(佐藤(2021a)から筆者作成)

　また、内閣府総合科学技術会議の第五期科学技術基本計画では、現在がSociety 5.0 であるとし、それまでの社会を「Society 1.0：狩猟時代の社会」「Society 2.0：農耕時代の社会」「Society 3.0：工業時代の社会」「Society 4.0：コンピュータ・デジタル時代の社会」と定義している (佐藤 2021a: 13)。Society 5.0 とは「サイバー空間とフィジカル空間を高度に融合させたシステムにより、経済発展と社会的課題の解決を両立する人間中心の社会」と定義され、教育現場の対応が急務であるとされてきた。内閣府のもと経産省、厚生労働省、文科省が合同で、Society 5.0 への取り組みを進めている。官民をあげて、SDGs に取り組んできた日本政府も、大地震や毎年更新される異常気象の被害を目の当たりにし、新しい学習指導の順次実施されていく中で、議論が続けられ「対話的で深い学び」(アクティブラーニング)と「言語教育」の重要性が示されていた。

　2020 年春にはじまったコロナ禍の中、政府は 1 年あまりで 2021 年の教育

再生実行会議において『ポストコロナ期における新たな学びのあり方について（第十二次提言）』をまとめている。そこでは、「ニューノーマルにおける教育の姿」として「一人一人の多様な幸せと社会全体の幸せ（ウェルビーイング）の実現を目指し、学習者主体の教育に転換」することが掲げられている。

　その上で、初等教育から高等教育、大学に至るまでの「ニューノーマルな社会」に対応した教育の課題が示されている。今後さらに「高大連携」や「対面とオンライン指導のあり方」、「データ駆動型への教育への転換」への取り組みを進めていくことが示されている。ただ、各段階の具体案を見ると、一人一台端末の環境整備（初等中等教育）や、「国際戦略と実現のための方策」として、「遠隔・オンライン教育推進」や「デジタル化への対応」（高等教育）など、コロナ禍で遅れが明らかになったとされるデジタル化とそれによる数値的データによる管理強化の拙速な偏向が感じられる。そこには、「多様性への対応」を謳いながらも、本書の中心テーマである「レジリエンス」の本質を捉えた教育への視座が弱い印象を受ける。

　次節では、コロナ禍前の教育のあり方の変化について簡単にまとめておく。

2.2　コロナ禍前の教育のあり方の変化

　グローバル化とデジタル化といった社会の大きな 2 つの変化に伴い、コロナ禍前から、①異質の他者とのコミュニケーション機会の拡大、②多様なメディアを通した多相的な意味伝達という 2 つの変化が起こっていた。

　このような社会変化に対応できる能力として OECD が発表したのが、「①言語を含めた多様な道具を相互作用的に活用し、②自律的、主体的に判断し、③多様な他者との協働を通して社会を創っていく能力」という 3 つのキー・コンピテンシー（OECD）である。

　ここには明らかに「多様なメディアから発信される情報をクリティカルに読み解き、言語のみならず多様な表現媒体を使って不断にコミュニケーションを行ない、主体的に意味を構築していく創造力」（岡本 2010）というメディアリテラシーとの重なりが見られる。

　2017年と2018年に改訂された学習指導要領は、このようなグローバル化や情報化が進み、予測不可能な時代に自ら課題に向き合い、協働学習を通して主体的により良い社会を切り拓いていく力の育成を掲げている（内閣府大臣官房政府広報室 2019）。

　新しい学習指導要領が目指す能力は、「グローバル化や情報化などによる社会の変化に対応し、自分たちを取り巻く様々な社会の課題に向き合い、解決しようとする力」（下線筆者）である。この能力観の捉え直しによって「教師主導」「詰め込み教育」「到達度や進度をはかる型にはまった一斉授業」から、「協同（協働）学習」の必要性が唱えられるようになり、学習指導要領では「対話的で深い学び」（アクティブラーニング）やクリティカルシンキングや「常識を疑う」ことの重要性が示され、社会問題を自分ごと（当事者意識）として捉え、教室を出て「社会とつながる」学習活動が奨励されるようになっている。

　当然、評価のあり方にも変容を迫るものであり、テストによる点数評価だけでなく、パフォーマンス評価やピア評価など、多様な評価の実践も報告されている。

　コロナ感染が広がりはじめた2020年1月、世界経済フォーラムが発表した「未来の学校 学びのイノベーション」において、以下の8点を重点課題としている。

1　グローバル・シティズンシップのスキル
　　（世界とその持続性への関心、グローバル共同体への積極的参加）
2　イノベーションと創造性のスキル
3　テクノロジーのスキル
4　対人関係のスキル（情動的関係、共感、協力と交渉、リーダーシップ）
5　個人化された自分のペースの学習
6　アクセスによる包括的学習（学内にとどまらない学習）
7　問題解決中心の協同学習
8　生涯にわたる主体的な学習

　次節では、その後のコロナ禍における変化についてまとめる。

2.3　コロナ禍における教育のあり方の模索

　佐藤(2021a, b)は、コロナ禍で、学びを止めないための「学びの共同体の創造」について調査し、先述の Society 4.0 のコンピュータ・デジタル時代の社会における持続可能な教育を、現在の行き過ぎた教育の「産業化」からいかに教師の手に取り戻すかが重要だと述べている。その上で、新型コロナによって世界の国々で、以下2つのグループの分断が起きているとしている。

1. 「資本・国家」中心の社会を求める人
2. 「生命・人権」中心の社会を求める人

　その上で、教育者は、「学びの共同体の改革は「生命・人権」中心の社会を創造し参加する子どもを育てる使命を担っている」(佐藤 2021b: 184)としている。しかし、対話を通した深い学びと協同(協働)学習の必要性が唱えられ、教室を出て「社会とつながる」学習活動を目指した矢先に、新型コロナ感染が広まり、他者や社会と直接つながることができない状況となってしまった。対話という対面コミュニケーション空間の喪失は、とりわけ、コミュニケーションを通して学ぶことばの教育において、次節に示すとおり、大きな課題をつきつけることになった。

2.4　コロナ禍のコミュニケーション問題

　コロナ禍におけるコミュニケーション問題の最も大きな変化は、人との接触を避け、会ったとしても、距離をとること(ソーシャルディスタンス)や3密禁止といった「身体非接触」という状態を余儀なくされ、「触覚の喪失」状況が続くことになった点にある。大澤・国分(2020)は、コミュニケーションが全体として、身体の非接触を目指している時、何か根本的なものが失われるのではいか」(大澤・国分 2020: 18)と問い、これは「ディストピア」状態だと述べている。彼らの論考において大変興味深いのは、「鏡像認知」に

ついて説明している点である。それは、ガラスに写った自分を自分だと理解
できる認知能力のことで、人間以外ではチンパンジーだけができるという。
「私とあなたとのコミュニカティブな関係」とは、お互いに対面で視線を合
わせていることであり、「同時」「等式」「対等」の状態のこととしている。
この状態は、初対面の握手やハグといった挨拶が示すように、ことば以前の
直接的な身体接触で自己ではない他者を知る関係構築の基本であり、相対し
ている他者が何者で、何を考え、私の存在をどう捉えているのかといった身
体で感知できる感覚を総動員してコミュニケーションを開始する基本の状態
であるとも言える。ところが、オンライン授業では、視線を合わせられない
ため「視覚の不一致」が起きている。大澤らは、コロナ禍における身体非接
触の奨励とそれに伴う視覚の不一致状況は、自分と対等の他者がいることの
認識と他者の目にうつる「自己認識」とによって成り立つコミュニケーショ
ンの前提条件を否定することなり、人間的な自然に反する「ディストピア」
だとしている。

　また、ビジュアルナラティブによる自己と他者の関係構築の意義を伝えて
いるやまだ（2017）によると、互いを見つめ合うのではなく、同じ映像を見
ながら語ることは、共同注視であり、「共感」「共在感」を導くと述べている。
オンラインでは、視線を合わせることも、何かを共に並んで同じ方向を共同
注視することもできない学習環境にある。

　村田（2021）は、「対面」と「オンライン」のコミュニケーションの「強み」
と「弱み」について、200名にアンケートとフォーカスインタビュー調査を
行い、その結果をまとめている。この結果を、2つのコミュニケーションの
機能「情報伝達機能」と「対人関係機能」に照らし合わせたところ、対面の
「弱み」は、前者であり、オンラインは、後者であることを見出している。
すなわち、対面では、コミュニケーションの情緒面や対人関係機能面の伝達
が強みであり、逆にオンラインではこれが弱点となる点を指摘している。

　つまり、ひととつながるためのコミュニケーション能力の基本となる対話
も共感構築もできないことになる。これは、先の世界経済フォーラムがあげ
ている「対人関係のスキル」「協同学習」および、先述の「メディアリテラ

シーの定義」とも重なり、大変興味深い。

　次節では、本書の共通テーマである「レジリエント」とは何かを概観し、「レジリエントな学習環境デザイン」への示唆につなげる。

3.　with コロナ/after コロナ社会を生きる力としての「レジリエンス」

3.1　レジリエンスの定義

　筆者が最初に「レジリエンス」ということばに出逢ったのは、ESD の実践の際に読んだコロナ後の取り組み方を示したイギリスの教育実践が書かれた『ハーモニーの教育―ポスト・コロナ時代における世界の新たな見方と学び方』(ダン 2020)だった。そこでは、人間も自然界の多様な生物の一部であり、相互依存しその生命の拠り所となる地球の「持続可能性」に寄与する行動を目指した教育の必要性を解いている。原語「resilience」は「強靭力」などと訳されてきたが、ダン (2020) では、自然界の「しなやかな強さ」に訳出したことが説明されている。

　「レジリエンスとは何か」について、枝廣 (2015) は、歴史的な流れをふまえ、このことばが日本に入ってきた背景および多様な分野に広がっていった状況をわかりやすく解説している。枝廣によると、もともとは、「反発性」「弾力性」を示す物理用語だったが、外的な衝撃にも、「ぽきっと折れてしまわず、しなやかに立ち直る強さ」(枝廣 2015: 3)のことであるとしている。

　「しなやかな強さ」という意味での「レジリエンス」の概念は、生態系の分野と心理学の分野でそれぞれ発展してきた。そこから広がって、災害に折れない暮らしや地域、折れない子どもや折れない社員など、防災、地域づくりへの取り組みへと広がり、それぞれの教育実践が紹介されている。

　枝廣によると、コロナ禍以前から、頻発する異常気象など、不安定で不確実な VUCA [2] の時代において、国連サミットで採択された SDGs の課題を解決する上で、「サスティナビリティー(持続可能性)は大事だが、それだけでは足りない。これからはレジリエンスの時代だ」との認識が広まりつつあったという (枝廣 2015: 16)。ここで強調されているレジリエンスを理解す

る鍵は、子どもや社員の能力といった個別の要素ではなく、要素がつながっ
てできているシステムの特性であるという視座である。例えば教育であれ
ば、学生たち個人の能力ではなく、教育活動を成り立たせている教師、学習
環境、教材、シラバスといった複合的な「組織というシステム」に注目し、
その組織全体としてのレジリエンスを高めるアプローチを考える必要がある
ということである。

3.2　レジリエンスを作り出す要素

　多様な分野でレジリエンスを成り立たせている要素についての研究もさか
んに行われている。毎年、世界が直面しているリスクについて報告している
世界経済フォーラムは、「グローバルリスク報告書2013年版」においてレ
ジリエンスを構成する要素として「構造安定性」「冗長性」「人材・資源の豊
かさ」「反応力」「復活力」の5つをあげている。また生態系などの分野であ
げられている要素としては、「多様性」「モジュール性」「密接なフィードバッ
ク」であるとしている。

　枝廣（2015）では、「レジリエント」の必要性を早くから示し「レジリエン
ス教育」の先行国であるオーストラリア、アメリカの実践例が紹介されてい
る。その中でもオーストラリアでは、「子どもたちのレジリエンスと幸せ」
を教育のビジョンとして掲げ、「安全な学校のための国家枠組み」を定めて
いる。「安全で協力的な学校を作る9つの要素」の中には「安全な学校をつ
くる指導力」「協力的で強い絆をもつ校風」「学校の安全と幸せに関する方針
と手順」が含まれており、協働でウェルビーイングを目指した教育を志向
していることが明らかだ。これらをカリキュラムに落とし込んだ「立ち直ろ
う」というプログラムも紹介されている。そのユニットの中身によると「レ
ジリエンス」を育む必要なものとして「自尊心」「楽観的思考」「勇気」「感
情のコントロール」「ユーモア」「社会的スキル」「物事を成し遂げるための
スキル」などがあげられている。

　「レジレンス教育」の先進国とは大きく遅れをとりながらも、日本で数少
ない実践が行われている学校の事例では、従来の教育とレジリエンスを育て

る教育」との違いを以下のようにまとめている。

表2　従来のアプローチとレジリエンスを育てる教育との違い

従来のアプローチ	レジリエンスを育てる教育
強い意志	こころのしなやかさ
がんばれ	なんとかなるさ
自主自立	なかまに助けを求める
ストレスをへらす	ストレスをパワーに変える

（枝廣 2015: 96）

　先述した教育再生実行会議『ポストコロナ期における新たな学びのあり方について（第十二次提言）』の内容は、表2に記載したような従来のアプローチの域を出ていないように思われる。表2からも明らかであるが、「レジリエンス教育」へと変容するには、日本国内で流布してきた従来のアプローチとは180度方向転換する必要があるということである。つまり、教育システムのイノベーションが求められているのである。

4.　「レジリエンス」を作り出す「アンラーニング」

　これまで見てきたように、コロナ禍で体験している不安定な社会の中で、教育において、「しなやかに生きる力」「変化の時代を生きる力」、つまり、レジリエンス（柔軟に変容できる力）の育成が最重要課題であり、先に述べたとおり、既に具体的なカリキュラムと教材開発、実践報告が行われている（デー，C. & Q. グー 2014、ダン 2020）。日本の教育で今求められているのは、従来の教育システムやアプローチからの大転換である。

　そのためは、「アンラーニング」が必要なのだ。「アンラーニング」とは、「これまで当然だと思われていたことを疑い、今までとは異なる発想でコミュニケーション場面を観察すること」であり、一度学んだ知識や価値観を意識的に捨て去り、再び学び直すことである。「学習棄却」や「まなびほぐし」などとも訳される近年組織論や学習論で注目されている概念である。「学

習」と「学習棄却」の相反する2つのアクションを繰り返し行い、自身の価値観を絶えず見直し、人や組織の成長を促進する、という点がアンラーニングのメリットとされる。大きな組織であればあるほど、時代が変化しているのに、過去の成功体験から抜け出せない。日本の大企業が、変化の時代に手遅れになって転落してしまったのはその例である。「まなびほぐし」とは今自分が持っている価値観・知識を見直し、これまで当たり前だと思っていたことについて、立ち止まり、新しい発想で学び方を考え直すことであり、同じ学習内容でも異なるアプローチから検討する学習法である（苅宿・佐伯・高木 2012）。

　苅宿らは、変化の激しい時代に、このような新しい価値、知識を取り入れやすくする「柔軟な価値観」をもつためには、実際にコミュニケーションを行った時の気づきとそれを整理しなおす「場」と「対話」が不可欠であるとし、そのための方法として以下の2点をあげている。

　① 現在の価値観・知識、ルーティン、パラダイムの批判的見直し
　② 定期的な振り返り（リフレクション）

　さらに、カウチ＆タウン（2019）は、「リワイヤリング」（＝配線のやりなおし）という興味深い概念を提示している。答えのない経験したことのない問いに対し、柔軟に臨機応変に「配置し直し」デザインする力のことだとしている。「リワイヤリング」の重要な点は、すべてを取り壊してしまうのではなく、配線の「やり直し」という点だといえよう。つまり関係性やシステムを柔軟に変容させて機能できるようにすることであり、枝廣が述べていた「レジリエンス」の中心的な概念と言える。

　そこで、教師と学習者が、コロナ禍における対面、オンライン、ハイブリッドといった多様なコミュニケーション空間の中で、どのように関係を構築し、学びの共同体を柔軟に臨機応変に構築していったのかに注目し、筆者の授業実践と受講生の振り返りシートを分析する。

5.　授業実践

5.1　授業概要

　本節で取り上げる授業実践(演習)は次のとおりである。

〈授業目標〉

① SDGs と ESD ＝「持続可能な開発(発展)のための教育」について知り、社会の問題を「自分ゴト」として考え、多様性(ダイバーシティ)の豊かさと「開発」(発展、成長)を捉え直す。

②「協働学習」の必要性を体験を通して学ぶ。
　なお、当該演習での「協働学習」が目指すものについて、受講生に以下の説明を行った。社会の問題を「自分ゴト」として捉え自身および仲間の学びの責任を持ち合い、「対話」を通して「学習の実践共同体」を構築し、「主体的な学習者」になること。

〈授業活動〉

① 新聞課題：各自議論したい課題の新聞記事を準備し話し合う【グループディスカッション】

② SDGs グループ発表：世界的な課題とその解決に参加できることを知る【発表】

③ 国調べ個人発表：国際関係学を学ぶ基礎として多様な国に関心をもつ
　調査共通項目：言語・宗教・民族・識字率、現在の外交、経済、政治関係とその歴史、東日本大震災で受けた支援＋その理由、コロナ対応(2020 年度から共通項目に加えた)その他自由に項目を追加して良いとしている。これまで有名な人や有名な観光地などの楽しい話題が多い。【発表】

④ ピア評価、自己評価

⑤ 毎回の振り返りシート

〈授業形態と参加人数〉

2020 年　　1 年生　　Zoom　　秋学期から、対面と Zoom　　23 人

（毎回人数が違っていたが対面が増えていった）

2021 年　　1 年生　　対面　（数人だけ例外的に Zoom）　20 人

5.2　考察

受講生による振り返りシートや、学生たちの変化について考察する。

（1）「振り返りシート」の考察

「学びが多かった」と解答のあった学習活動ランキングは以下のとおりである。

1　グループディスカッション
2　発表
3　ピア評価 自己評価：主体的に学んだ
4　毎回の振り返りシート

2020 年度、2021 年度共に、同じ順番だった点は注目される。

それぞれの学習活動から得た学びについて受講生たちの振り返りシートから抜粋する（下線筆者）。

グループディスカッション

ほかの人と議論することでその人の考え方や価値観を知ることができた。

発表

自分自身の中で完結してしまっても、それを発信すればさらなる発見につながると思うから。

新聞課題

・みんなで普段考えないようなことを考えて、話し合うことで新しい発見があったり、知らなかったことを知れたから。

・ほかの人が一体どんなニュースについて興味関心を持っているか知ることができたから。

・自分の興味関心のなかったニュースでもほかの人と議論することでその

ニュースに関心を持つようになるし、グループワークを終えた後も日常でその記事の動向に注意を向けられるということに気が付いた。
・一つ一つにしっかり原因があり、それをみんなで解決するために考えることはとても大切だと思った。
・みんなディスカッション内容を見つけるのが上手い。

国調べ個人発表
・詳しく色々な国について知ることが出来た。
・東日本大震災で多くの支援がされていることを具体的な数字で見た時、驚き、国同士助けあうことはとても大切だと思った。
・みな、パワポのまとめ方がうまい。

印象に残っている発表（国名　発表者名　理由）
・オーストラリア　Ａくん
　自分も同じくオーストラリアについて調べて発表したので、自分とのパワーポイントの違いが印象に残った。
　自分で撮った写真を載せていた。

全体の活動で気づいたことや学んだこと
・全ての活動に共通して言えることは私たちが身近なことからできることが数多くあるということ。それを意識して過ごしていきたい。
・ミャンマーの学生の発表と実際の状況を聞いて新聞やニュースとは比べ物にならないぐらい、衝撃だった。

秋学期への提案
・もっとゼミ同士の人たちを知ることができるように自分の好きなものについてのパワーポイントでの発表
・よりメンバーと仲を深めるためにグループ活動をたくさんしたい。
・秋学期もゼミが楽しみです。
・秋学期も頑張ります。

上記下線部から、自身とは異なる見方、価値観、関心などに気づいたことが多くあげられている。選ばれた新聞課題にも自身だけなら選ばないような

テーマについて学べたり、同じ国を調べた場合も、切り口が違うこと、自分で撮った写真を使っていることなどにも言及している。

　教師から決まった答えを一方的に学ぶこととは異なり、自身で調べる自律的な学習に加え、協働によってより深く広い学びができたと捉えている点が注目される。

　次学期への提案では、もっと他者を理解したい、そのために協働学習の機会が増える学習内容の提案もなされ、今後の授業を楽しみにしているという主体的な態度が見られる。協働の重要性を体験し、次への学習意欲につながったことがわかる。

（2）授業形態による課題と学生の変化

　上述のように、2020年度の春学期のみ全員がZoomだった。2020年も2021年度も秋学期は基本対面へと移行したが、2020年度は、地方出身の学生や親が介護関係の仕事についているということで、Zoomのまま継続履修した学生や、体調や感染不安などもあったようで、結局半数ぐらいが常にZoom参加になっていた。そのような中、2020年度の春学期ゼミ長自身から、秋学期にゼミ長交代申し入れがあった。春学期は全員がZoomで、対面ゼミは1度もなかった。秋学期から、基本対面を奨励したが、Zoomも希望すれば選べるようになった。ゼミ長は、地方出身者の一人で、秋学期にしかも対面授業が演習のみであったため、家族からの要望で、地元からZoomのまま参加した。そこで、ゼミ長本人から、ゼミ長交代の申し出があった。理由をZoomを通してみなに説明してくれた。以下がその内容である。

> 　Zoom参加をして見ていると、対面の授業のみの方が関係性ができているように感じる。理由は、頻繁に笑いが起こっている。<u>おだやかであたたかい</u>、見ていて<u>親しい雰囲気</u>になっているように感じる。

　この申し出を、ゼミ生たちは受け入れ、毎回対面で参加の学生の中で、春学期ゼミ長を支えていた学生が自主的に手をあげ、みなも賛成した。このよ

うに演習の学生間のつながりが強まるよう、協力し合ったことがわかる。振り返りシートの文言からも「私たち」といった表現が多く見られ、学習共同体が構築されていった様子が見出せた。2 年次に筆者は演習を持たないことと、2 年次からは演習は選択であるため、2020 年の学生たちは、2021 年では異なる演習所属となった。しかし、2 年生オリエンテーションの日に、前の年のこの初年次ゼミ全員で集まる提案をしたところ、全員がその場に集まってきた。はじめて対面で会い、Zoom と対面で印象が違うなど言い合い、笑いが起こった。春学期のゼミ長への感謝のことばも聞かれ、1 年越しで会えた喜びと興奮が伝わってきた。2020 年度の学生たちは、現在 3 年生となり、異なる演習に所属しているが、特別なつながりを継続しているとの報告を得ている。

6.　結論

　以上、社会の変化やそれに伴う教育システムの目標、コロナ禍の授業実践より Society5.0 時代を生き抜くための「学習環境デザイン」への示唆を結論としてまとめる。

(1) 学生と教員との対話の必要性
　現在コロナ禍において、対面コミュニケーションが制限される中、お互いより良いゼミを模索したことを資源とし、感染リスクを減らし、安心して学習する権利を保障するために、「レジリエント」な学習環境デザインのあり方を学生と対話しながら考え、大学の組織的な変容の必要性を提言する必要がある。

(2) なんのためのデジタル化、ICT 教育か
　先に述べた 21 世紀のキーコンピテンシーにあるとおり、多様な道具の 1つとしてデジタルツール、ICT を使いこなすことは必須である。ただ、教師が効率的に教えたり、学生を管理するための道具ではなく、学習者が変容

（＝成長）する学び（探究と協同）のための道具（佐藤 2021a,b）として捉えることが重要である。「レジリエンス教育」先進国のオーストラリアやアメリカにおいても、佐藤の指摘したとおり、テクノロジーがあたかも万全であるかのごとく捉えられる教育の危険性を認識する必要があることが指摘されている。数学の幾何の授業では、従来、数式を教え正解による点数評価が基本だった。しかし、現在は、自然の中の幾何学模様を見つけ、法則を発見する授業を進めている（ダン 2020）。つまり、コンピュータやデジタル教材は、生態系が危機にさらされている中、「ハーモニーの原則」で示された自然界の「多様性」に拓かれた柔軟でしなやかな強さをもった法則を発見し、子どもたちが「よりよく生き、人生を成功に導くための」1つの手段と捉えているのである。

　ICT をポスト・コロナ時代における「世界の新たな見方と学び方を」担う1つの資源として捉え、学習環境デザインを行う必要がある。たとえば、具体的には、直接身体的な出会いがなくとも、Zoom は、同期であり、チャットで共在感が得られている点は人と人とのつながり構築にオンラインも活用できることがわかる。

（3）「話す力」から「聴く力」へ

　コロナ禍では、目を見て直接話すことが困難状況にある。さらに、密を避けるという点からもマスクをしている。コロナ感染を防ぎ安全に学びを進める上で、教師の工夫により、小さい声での発言に傾聴するような見事な授業が進められていることが報告されている。（佐藤 2021a, b）　大きな声で意見を論理的に伝える能力がコミュニケーション能力として評価される傾向にあったが、身体接触や表情、音声などのコミュニケーションモードの活用が制限されるコロナ禍において、対話を通した深い学びを継続するには、「聴く力の重要性の認識」と「聴く力」の育成のチャンスでもあることが示されている。

7.　今後の課題

　今後の具体的な教育システムとしての学習環境デザインについての課題を
以下にあげる。

（1）「共在感」「共感」を覚え、情動、共感、主体性育成のためには、学習者
　　による多様な学習形態の選択の自由と、教員にも授業形態の組み合わせ
　　の自由を与える必要がある。
（2）自己評価、他者評価、ピア評価（池田・舘岡 2007 など）の後、必ず振り
　　返り（リフレクション）の時間を確保する必要がある。大学でも学生によ
　　る授業評価アンケートを行っている。また、筆者の勤務大学でも授業形
　　態におけるアンケートも実施している。その結果について担当教員の振
　　り返りレポートを提出することになっていて、教員としては改善を試み
　　る機会となっている。しかし、出された数値についても、組織的な学習
　　環境改善へとどのようにつなげるかの対話の場がない。小中高でアク
　　ティブラーニングに慣れた Z 世代と教員の授業のあり方に対する考え
　　方のズレ、メディアを通したコミュニケーションの取り方のズレ、学び
　　の姿勢や人との関係構築のあり方のズレを感じる。これらのズレと社会
　　やメディアの変化による学生たちのこれらの捉え方の経年変化を確認す
　　る場が必要である。アンケート項目も改めて吟味し、組織的に柔軟に、
　　教育のあり方を「リワイヤリング」していく必要があるだろう。

　不確実で不安定な、価値観の多様化するデジタル時代に必要な人材育成に
おいて、「ことばの教育」を「リワイヤリング」することが、「主体的で深い
学び」を促進し、「レジリエントな学習者」と「レジリエントな教師」育成
の基本だと考える。
　ユネスコが掲げるより良く生きる（well-being）のための教育は、「レジリ
エンス教育」実践として、既にはじまっている。筆者の専門である日本語教
育においては、コロナ禍で留学ができなくなっている海外の学習者との共修

授業実践が加速している。そこでも、先行事例であげたとおり、生態学的な視座をもったウェルビーイングのための教育実践の成果も発信されている（尾辻、熊谷、佐藤 2021）。現在その必要性が強調されている批判的思考力の育成においても「第二言語習得」から「トランスランゲージング」への動きが力強い（Garcia and Wei 2014）。さらに、真嶋（2019）による日本語教育から「誰一人取り残さない」ための母語をなくさない地道なことばの教育への取り組みは、国内から海外へと広がっている。

　本書で集った研究仲間とともに、筆者の担当授業で新たな国家間の共修授業も開始している。これらの繋がりを大切にし、熱意ある実践への思いを共有し、その流れが止まらないよう、新型コロナ禍で得た教訓をプラスに生かす「レジリエントな学習環境デザイン」のための組織的な取り組みの探求を続けていきたい。

注
1　岡本（2020）では、LINE スタンプを活用した留学生と日本人学生との日本語によるやりとりの分析から、外国学習の「アンラーン（学びほぐし）」の重要性を提案した。
2　VUCA とは、Volatility（変動性）、Uncertainty（不確実性）、Complexity（複雑性）、Ambiguity（曖昧性）の略称で、現在の社会状況を現す。

参考文献
枝廣淳子（2015）『レジリエンスとは何か―何があっても折れないこころ、暮らし、地域、社会をつくる』東洋経済新報社
池田玲子・舘岡洋子（2007）『ピア・ラーニング入門―創造的な学びのデザインのために』ひつじ書房
岡本能里子（2007）「未来を切り拓く社会実践としての日本語教育の可能性―メディア・リテラシー育成を通した学びの実践共同体をデザインする」小川貴士編著『日本語教育のフロンティア―学習者主体と協働』pp.79–110. くろしお出版
岡本能里子（2010）「国際理解教育におけることばの力の育成―大学における協働学習

を通した日本語教育からの提言」『国際理解教育』第 16 号：67–73.

岡本能里子(2020)「LINE スタンプが拓く多言語社会」柿原武史・上村圭介・長谷川
　由起子編著『今そこにある多言語なニッポン』pp.39–51. くろしお出版

尾辻恵美・熊谷由理・佐藤慎司(2021)『ともに生きるために―ウェルフェア・リング
　イスティクスと生態学の視点からみることばの教育』春風社

大澤真琴・国分功一郎(2020)『コロナ時代の哲学』左右社

カウチ＆タウン　花塚恵訳(2019)『Apple のデジタル教育』かんき出版

カナダ・オンタリオ州教育省編／FCT(市民のテレビの会)訳(1992)『メディア・リテ
　ラシー―マスメディアを読み解く』リベルタ出版

苅宿俊文・佐伯胖・高木光太郎(2012)『ワークショップと学び 3 まなびほぐしのデザ
　イン』東京大学出版会

佐藤学(2021a)『第四次産業革命と教育の未来―ポストコロナ時代の ICT 教育』岩波
　ブックレット No.1045. 岩波書店

佐藤学(2021b)『学びの共同体の創造―探究と協同へ』小学館

ダン，R.　永田監訳(2020)『ハーモニーの教育―ポスト・コロナ時代における世界の
　新たな見方と学び方』山川出版社

當作靖彦(2013)『NIPPON3.0 の処方箋』講談社

白井俊(2020)『OECD Education2030 プロジェクトが描く教育の未来』ミネルヴァ書房

チェン・ドミニク(2020)『未来をつくる言葉―わかりあえなさをつなぐために』新潮社

内閣府大臣官房政府広報室 (2019)「2020 年度、子供の学びが進化します！新しい学習
　指導要領、スタート！」日本政府広報オンライン
　https://www.gov-online.go.jp/useful/article/201903/2.html, 2021 年 4 月 30 日閲覧

真嶋潤子編著(2019)『母語をなくさない日本語教育は可能か―定住二世児の二言語能
　力』大阪大学出版会

水越伸(2002)『新版・デジタル・メディア社会』岩波書店

村田和代(2021)「雑談研究をめぐる諸相と今後の展望―コミュニケーションにおけ
　る重要性から教育への示唆まで」『第 2 言語としての日本語の習得研究』24:
　pp.122–137.

やまだようこ(2017)「インタビュー　パイオニアに聞く―質的心理学のいま」『質的心
　理学フォーラム』9: 79–86.

渡邊淳司・チェン・ドミニク(2020)『わたしたちのウェルビーイングをつくりあうた

めに─その思想、実践、技術』ビー・エヌ・エヌ新社

Day Christopher and Qing Gu（2014）*Resilient Teachers, Resilient Schools: Building and sustaining quality in testing times.* Routledge.（小柳和喜雄・木原敏行監訳（2015）『教師と学校のレジリエンス─子どもの学びを支えるチーム力』北大路書房）

Garcia, O. & Li Wei (2014) *Translanguageing: Language bilingualism and education.* Palgrave MacMillan.

逆境を活かす新生力（創造的レジリエンス）は授業で培える

身体表現からの偶発的コミュニケーション

柳瀬陽介

キーワード　新生力、自己生成性、偶発性、身体的表現力、観察力

1.　ショックの後に目指すのは回復か新生か

1.1　回復力と新生力

　2020 年初頭頃からの COVID-19 蔓延は、社会に深刻な影響を与えた。歴史ではこのような大転換が時に生じる。2011 年の東日本大震災もそうだった。それまでの当たり前が否定される。人々はショックからの被害を最小化して困難な状況に対応しようとする。しかし、その対応とは「回復」なのか、それとも「新生」なのか。

　本章では「回復力」と「新生力」の概念を区別した上で、新生力の根幹は学校教育でも育てられると主張する。授業を計画的な知識伝達だけにせず、授業内の偶発的な出来事を大切にするコミュニケーションの場にすることによってである。そのためには身体表現を大切にしなければならないとも説く。しかし、そういった授業の話をする前にまずは「回復」と「新生」という概念を区別して、この本の主題である「レジリエンス」についても整理しておこう。

　「回復」とは元の状態に戻ることである。それに対して「新生」とは対応力を高めた新たな状態に変化することだ。東日本大震災での原発事故の場合、回復とは原発を以前と同じように再稼働することだろう。他方、新生とは原発のリスクを踏まえた上でエネルギー消費・生産体制を刷新することだ

ろう。COVID-19 の場合なら、回復とは、世界がグローバル経済拡大路線に戻り、自然環境を搾取し続けながら人間移動と物品流通を増やすことだろう。だが新生なら、社会がグローバル経済の危険性を理解して、それぞれの地域・生態系での安定した暮らしを優先する生き方を創造することかもしれない。

　回復と新生は個人レベルでも異なる。例えば仕事で何かの壁にぶちあたって落ち込んだとする。回復ならば休養を取ったり気晴らしをしたりして、できるだけ早く仕事に復帰する。他方、新生を目指すなら、それまでの仕事や自分の仕事のやり方の問題に着目し、それらに対処できる新しい働き方や生き方を見つけようとするだろう。

　しかし、目指すべきは回復なのかそれとも新生なのか、私たちは常に明確に自覚しているわけではない。東日本大震災以降の「復興」は回復だったのか、それとも新生だったのか。もちろん回復と新生の間に共通する点は多い。しかしそれらの方向性は明らかに異なる。回復と新生の違いを私たちは理念的にきちんと理解するべきだ。

　回復と新生の区別という点では、「レジリエンス」の概念にも少し混乱が見られる。世界最大の英語辞書である *Oxford English Dictionary* で "resilience" と "resilient" を調べても、これらの語の基本的な意味は回復（＝元の状態に戻ること）であることがわかる。材料工学で「レジリエンス」という用語が使われる時も、ある材料がストレスを受けた後にどのくらい元の状態に戻れるかという意味で使われている。ところが公共政策分野などでは、回復の意味だけでなく、コミュニティが変化して適応力を高めるという意味（＝新生）も込められることがある。精神医療の分野でも、レジリエンスという用語はしばしば使われるが、現場で実際に目指されているのは回復よりも新生であることがある。別に元の通りに戻らなくてもよいから、外の状況や自分の状態に適応して新たな生き方を作り出そうという考えである（熊谷 2017）。こうしてみるとレジリエンスという語は、回復や復元といった元々の意味に加えて、時に新生や適応といった新しい意味も加えてきているようである。

　本章ではこの混乱を避けるために回復と新生を区別する。この区別は投資

などの現実的な営みから思索を続ける在野の学者であるタレブの考えに基づいている。タレブ（2017）は、レジリエンスの原義が回復でしかないことを踏まえた上で、回復とは異なる「脆強性」[1]という概念を提唱した。「脆強性」が意味するのは、外界からの影響に変化を被ってしまう組織や人はその意味で「脆い」が、実はその変化によって困難な状況を打開できるように変化できるので中長期的な「強さ」をもつということである。以下、似てはいるが異なる用語がいくつか出てくるので、まず図1で整理することにしよう。タレブの「脆強性」も、さらに直感的にわかりやすい用語にするために「新生力」と言い換えていることに注意されたい[2]。これら新生力、回復力、頑強性、脆弱性は人（および物）がもちうる性質である。だがこれらは必ずしも固定的なものではない。特に人の場合、後に述べるように、脆弱な人が頑強になったり、頑強な人が回復力や新生力を身につけたりなど、これらの性質の間を移動することもある。

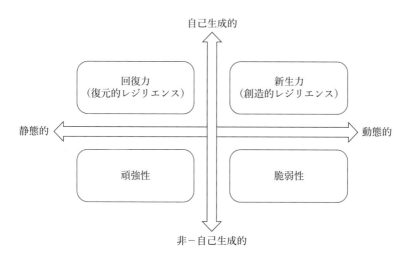

図1　新生力・回復力・頑強性・脆弱性

　図1の4つの概念の中で、ほとんどすべての人が好ましくないと考えるのは脆弱性（fragility）である。脆弱な人[3]や物は外界からのショックやストレ

スにより簡単に壊れてしまう。ショック・ストレスが続けば、崩壊の状態はますます進む（階段を転がり落ちるガラス細工を想像してほしい）。

　頑強性（robustness）とは、脆さそのものを否定しようとした人や物が有する性質である。「打たれ強くなった」人や厚みを増したガラスで作られたコップを想像してほしい。頑強な人や物は、少々のショック・ストレスには動じない。この意味で頑強性は静態的であり、ショック・ストレスの増大と共にますます壊れていく脆弱な人や物の動態性とは対照的である（図1の横軸の対立を参照されたい）。

　脆弱性と頑強性は、動態的と静態的という違いはあっても自ら再生する力が乏しい（あるいは欠如している）という点では共通している。脆弱なコップが割れたら二度と元に戻らないことは当たり前だが、分厚いガラスで作った頑強なコップも一度割れてしまえばそれまでである。頑強なだけで、下で述べる再生力（回復力・新生力）に乏しい人も、いったん自分のあり方を崩してしまうと立ち直れない。

　これに対して図の上半分の回復力と新生力は、再生力を発揮するあり方である。再生力とは、システム論の用語を借りれば自己組織性（あるいはautopoiesis）であるが、ここではわかりやすさを求めて**自己生成性**と呼ぶことにしよう。一般に物は自己生成性をもたず、一度壊れてしまえば、二度と秩序ある組織体になることはない。しかし単なる物とは異なるのが生命体である。生命体は自己生成性を発揮し、致命傷を被らない限り自ら再生する。病気や怪我で傷んだ器官を再生するのは生命体自身である。これに対して、割れた厚いガラスコップを（例えば接着剤で）再生するのは、コップ自身ではない。図の上半分に位置する回復力と新生力は自己生成をさかんに行っている状態であり、下半分の非－自己生成的な頑強性と脆弱性と異なる（図の縦軸の対立を参照されたい）。

　回復力と新生力の違いは上で述べた通りである。回復力は元の状態に復元する力であり、元に戻るだけという点では、自己生成的とはいえども、どちらかといえば静態的である（ゆえに図の左側に位置している）。それに対して、新生力はショック・ストレスへの適応力を増した状態を新たに創り出

す。創造的変化をするという意味では、自己生成がさらに動態的だ（それゆえ図の右側に位置する）。「レジリエンス」は本来回復力を意味するだけだが、現在は新生力もしばしば意味するようになったので、本章では回復力を「復元的レジリエンス」、新生力を「創造的レジリエンス」とも呼ぶことにする。

1.2　より重要なのは新生力（創造的レジリエンス）

　このように概念を区別したのは、現代においてより重要なのは新生力（創造的レジリエンス）であることを強調したいからだ。ここではその理由を、現代の特徴である VUCA という観点と、後に本章が主題とする教師のあり方という観点から説明する。

　VUCA は Volatility（激変性）、Uncertainty（不確実性）、Complexity（複合性）、Ambiguity（多義性）の略だ。これらの 4 つの概念が、現代社会の特徴をうまく描写しているとして 20 世紀の末ぐらいから多くの人を納得させてきた用語である。**激変性**とは社会の変化が急激なことを意味する。COVID-19 もグローバル化が進行する以前であれば、これほど急速かつ広範囲に世界中に蔓延することはなかったはずだ。**不確実性**とは未来予測が困難なことである。COVID-19 で科学者が総動員されても、「この対策を取れば確実にこうなる」という処方箋を書くことはできない。**複合性**は、この不確実性が生じる主な要因の 1 つだ。複合性は、システムがあまりにも多くの要素の作動で成立しているので、誰もシステムの全貌を把握できないし、ましてやそれぞれの要素の作動およびそれらの相互作用から何が生じてくるかわからないという状態を意味している。現代社会は間違いなく複合的である。**多義性**は、ある事柄にさまざまな解釈が与えられること、例えば善とも悪とも決めつけがたいことを意味する。COVID-19 に対するワクチン接種は世界各地で推奨されているが、同じように世界各地でさまざまな理由から反対の声が上がっている。その理由の中にはもっともなものもあるし、そもそも科学的命題と文化的主張というようにカテゴリーが異なり比較検討することができない理由もある。このように激変性・不確実性・複合性・多義性に満ちた社

会では、ショックの後に元通りの状態に戻ることだけが好ましいとは限らない。変化の激しい社会では、復元的な回復力を維持し続けるよりも、変化に適応し続ける新生力の方が好ましいといえるだろう。

　回復力よりも新生力に注目すべきことは、学校における教師のあり方というテーマからも説明することができる。新人教師はしばしば教室の中では脆弱な存在である。学習者が新人教師を軽視し反抗することは珍しくない。そこで多くの新人教師は、図1の右下の脆弱性の状態から、左下の頑強性に向かうことを目指す。語気を強め罰則を厳格に適用し、学習者からの少々の抵抗には揺るがない「強い」教師になろうとする。

　もちろんそれでも指導がうまくいかない時はある。そうなると「強い」(＝頑強な)教師は図1の左上に位置している復元力(復元的レジリエンス)を得ようとする。少々落ち込んでも復活できるような息抜き方法を覚える。また、「どうせあの子・学級は、誰が教えても駄目だ」といった「合理化」(＝理屈をつけた諦め)の思考法を身につけることも多い。

　図1の右下(脆弱性)から左下(頑強性)に移行して、左上(復元力)にも至った教師は、たしかに脆弱なだけの新人教師に比べると頼りになる。しかし、うまくいかないことがあっても、それを息抜きで忘れたり合理化で現状追認したりするだけなので、教師としての力量はあまり広がらないし深まらない。「ベテラン教師」の中にも、昔ながらの教え方しかできない者がいることは残念ながら事実である。たしかに、回復力(復元的レジリエンス)は重要だ。特に大きなショック・ストレスを受けた場合は、まず回復することを優先しなければならない。しかし残念ながら回復するだけでは、事態の長期的な改善は望めない。新たな状態を創造できなければVUCAな社会では生存すらも難しいかもしれない。

　こうなると大切なのは新生力(創造的レジリエンス)であることがわかる。逆境を活かす力である新生力は、ある心構えによって高められる。その心構えとは、「ピンチはチャンス」と思う態度だ。トラブルを困ったこととして単に嫌うのではなく、人生(あるいはVUCAな社会)では避けることができないことだと覚悟を決める。その覚悟は、ピンチを自分の適応力を高め

てくれる修行の場として受け入れることだともいえる。とはいえ、「修行の場」という表現は、宗教的あるいは自己啓発セミナー的なニュアンスをもつ。それが気になるなら、もっと現世的に「転んでもタダでは起きない」と言い換えてもいいかもしれない。ニーチェのことばの英訳なら "What does not kill me makes me stronger." だろうか。

　20世紀後半に多くの日本人が共有した「一億総中流」や「いい大学に入って大企業に入れば一生安泰」といった考えは、もはや神話となった。さらにはこれからの気候変動や人工知能の進展で、社会にはもっと大きな変化も来るだろう。そもそも、VUCA が示唆しているのは、「未来に関して確実なことは、想定外の変化が来ることだけ」である。そうなるとピンチをチャンスとみなして新たな適応を目指す新生力が大切になってくる。

　それでは社会人はともかく、社会に出る前の若い世代はどこでどうやって新生力（創造的レジリエンス）を身につければいいのだろう（社会人はそれぞれの人生の現場で学ぶしかない）。それに対する筆者の答えは「新生力はさまざまな人生体験で身につけることができるが、若い世代が大半の時間を過ごしている学校の授業でも身につけることができる。ただし、その場合、授業はコミュニケーションとしての性質を強くもつものでなくてはならない」というものだ。

　以下では、「コミュニケーションとしての授業」という概念を説明し、なぜそのような授業が学習者に新生力をつけることができるかを解説する。その中で身体表現の重要性も説く。そういった論説によって、教師がそのような授業を実現することを支援したい[4]。その準備段階として、次の節では COVID-19 でオンライン授業を余儀なくされた多くの教師が気づいた身体的要因の重要性について整理したい。COVID-19 は副産物として、オンライン授業がどうしても授業を情報伝達型にしてしまい、コミュニケーションを遠ざけてしまうことを教えてくれた。若い世代に新生力（創造的レジリエンス）を身につけさせるためには、偶発的なコミュニケーションを生み出しにくいオンライン授業[5]を増やしすぎてはならないというのが筆者の考えである。

2. オンライン授業でわかった身体の重要性

2.1 オンライン授業で失われる身体表現と共有環境

COVID-19 の第一波を受けて、社会は急速に ICT 活用法を学んだ。平常時なら 10 年ぐらいかかったかもしれないような適応を、数ヶ月で行ったとも言われている。学校教師もオンライン授業を行う技術的な手段を慌てて学んだ。こうして各所で始まったオンライン授業では、教師からの伝達事項がダウンロード可能なスライドで示されることも多く、知識伝達という点では問題ないとも思われた（対面授業よりも優れていると考えた者もいた）。

しかし多くの教師は、オンライン授業を行うことに疲労感を覚えた。特に学習者が自分の顔を画面に映さない授業では、「暗闇に話しかけるようで辛い」という声が多く聞かれた。だが学習者が画面に顔を出したオンライン授業でも、何か大切なものが失われていると思った教師は多い。ここでは失われたものの中で、眼の表現、声の表現、（その他の）身体表現、共有できる環境の 4 つに着目したい[6]。

眼の表現は、アイコンタクトで顕著に感じられる。熟達教師は、学習者とのアイコンタクトを手がかりにして授業を進める。ある名人級の教師は、別の評判の教師の授業を初めて参観した時に、教師と生徒の視線のつながり方だけで、その教師が噂に違わず優れた教師であることを直覚したそうである（もちろん、その直覚はその後の授業展開で正しかったことが証明された）。多くの教師は、授業中に自分と視線を合わせてくれる学習者から力を得る。学習者の眼は、知的な好奇心・興奮や、心情的な同意・共鳴や、生じてきた疑問・異論などを表現する（もちろん学習者の眼が無関心や反抗的態度を示すこともある[7]）。その眼の表現に応じて、教師は説明の内容や方法を変える。「眼は口ほどに物を言う」とも言われるが、教師と学習者はかなりのコミュニケーションを眼の表情を通じて行っている。

そもそも人と人が眼を合わせることは、人間が生きることにおいて根源的に重要である。それは、看護におけるユマニチュードの実践（ジネスト マレスコッティ 2016）が雄弁に示している[8]。人は、安心して眼を合わせること

ができる他人がいればいるほど自己肯定感を高めることができる。逆に、もしある人が学校や職場に行っても、そこにいる誰もがその人とアイコンタクトを取ろうとしないなら、それはいじめであり当人にとって苦痛でしかない。

　だがオンライン授業ではアイコンタクトが成立しがたい。ほとんどの参加者はカメラを直視していない。オンライン空間では、誰もがお互いを見ているような角度で話してはいるものの、実は誰も眼と眼を合わせていない。精密なアイコンタクト成立の実感を忘れ始めている。

　眼と眼を合わせることは、ある人の視線の気配を察知して眼を向けることから始まる。アイコンタクトが成立するには、人々が協働しようという心がけの共有が必須だ。しかしオンライン授業では、そういった心がけすら虚しくなる。アイコンタクトが物理的に実現できないからだ。仮に眼を合わせることを熱望する教師や学習者がいたとしても、その思いは解像度の低い小さな画面を通してではなかなか伝わらない。伝わったとしても、両者が常にカメラを直視する習慣をもっていない限り、その思いが成就した瞬間を共有することができない。オンライン授業ではアイコンタクトを頼りに授業を展開できない。熱意を込めた教師の視線はオンライン空間に着地点をもたない。その視線に応えようとする学習者の視線も教師にはまず届かない。このように考えると、眼の表情によるコミュニケーションが失われたことは教師にとっても学習者にとっても実は大きな損失であったことがわかる。

　眼の表情と同じようにオンライン授業で失われたのが声の表情である。対面コミュニケーションで人は声のさまざまな音量や音質、およびそれらの変化で意味を伝える。さまざまな度合いの音量は発話の意味合いを伝える。つぶやきなら、相手に拒否されるかもしれないが言わずにはおれない心情を示すことができる。大声なら、発話者でも制御し難い情動の高まりなどを表現できる。音質も、発話に対する態度の違い（冗談・真剣・冷笑・退屈など）を伝える。人はこれらを巧みに変化させて意味のニュアンスを伝える。だがオンラインでのコミュニケーションでは、音量は機械で調整されるだけのものになる。話し手も相手との関係性に合わせて音量を変えることを忘れ、平板

な話し方だけになりがちである。音質にしても、パソコンの粗雑なマイクとスピーカーでは、微妙なニュアンスを伝えがたい。オンラインでは、声の表情がもつ力も制限を受けている[9]。

　眼と声以外の身体表現もオンラインでは伝え難い。対面授業では、教師は学習者との距離や位置の関係をさまざまに調整することで、コミュニケーションのあり方を変える。学習者にどれだけ、どのように近づくか、さらには学習者を見下ろすのかそれとも教師が座り込んで水平な視線を保つのかなどと、教師はさまざまな調整をする（たとえそれが時に無自覚であるにせよ）。それら以外にも、どれぐらい身体をリラックスさせるのかなど、身体作法は多様である。教師はその都度に最適と思われる身体表現をする[10]。

　教師の身体表現を感知した学習者も、自分自身の身体表現で教師とのコミュニケーション関係に入ってゆく。教師の身体も、学習者の身体表現を感知することによって変化し、コミュニケーションはさらに教師と学習者の関係性を密にする。だがこういったコミュニケーションは、パソコンに固定され、画角も変えることができないカメラでは極めて実現困難である。

　オンライン授業で失われているのは身体による表現だけではない。オンライン空間においては、対面授業ではふんだんにある周囲の物理環境が欠如している。周囲の環境は、教師と学習者が共に見つめ（＝共同注視）、そこからコミュニケーションを展開できる資源である。教師が教室の中を歩きながら学習者のノートに眼を留めて「このポイントはやっぱり重要と思うのね」と言ったり、机の上の参考書を見て「この本の解説はわかりやすい？」と尋ねたり、学習者の視線の先を見て「まあ、こんないい天気の日に勉強をするのも気が進まないよね」と声をかけたりすることで、教師は物理環境の一部を学習者と共有し、そこから個人的なコミュニケーションを開始することができる。そういった発言はクラス全体への発言と異なり、学習者の個性に働きかけるので、学習者も心を開くことが多い[11]。だがオンライン授業ではそういったコミュニケーションのきっかけがほとんど失われている。

　この項をまとめるなら、オンライン授業では、眼の表現、声の表現、それ以外の身体表現、共有できる環境が、大きく制限されている。この制限によ

り、授業は必要最小限の知識伝達に留まりがちになる。教師と学習者が互い
の身体表現や共有環境を使って偶発的なコミュニケーションを発展させるこ
とがほとんどできなくなるからだ。

　だがそのような喪失を問題に思わない教育関係者もいるかもしれない。教
室現場の経験が乏しい人や、学習意欲に溢れていた自分自身の学習体験をあ
らゆる学習者に対して一般化する人、あるいは教育予算の削減しか頭にない
人などである。そういった人は、オンライン授業をどんどん普及させ、教師
をオンライン授業の管理人にしたがるかもしれない。だが、オンライン授業
の無批判的な普及は、後で説明するように、ピンチをチャンスに変える新生
力（創造的レジリエンス）の育成機会を奪ってしまう。教師の観察力と学習者
の表現力を低め、両者が関係性を発展させる機会がなくなるからである。次
の項では、この危険性についてまとめる[12]。

2.2　教師の観察力・学習者の表現力・両者の関係性発展力の低下

　授業のオンライン化により、教室から身体表現と周囲の物理的環境を活用
する機会が大幅に制限されると、教師は重要な観察対象を失い、学習者は大
切な表現手段を喪失する。その結果、両者は偶発的なコミュニケーションに
よって互いの関係性を発展させる機会を失う。これらはすべて新生力（創造
的レジリエンス）の発達の機会を奪ってしまう。

　まず教師の観察力の低下について、稀代の臨床家とも呼ばれる精神科医の
神田橋條治の分析から考えてみよう[13]。神田橋（1990, 1994）は、臨床医が患
者について観察しなければならないのは、第1に不随意運動、第2に随意
運動、第3に発言内容であると述べる。不随意運動とは、自分自身でコン
トロールできない身体の動きであり、顔の紅潮、瞬きの頻度、表情・姿勢の
こわばりなどがその例となる。随意運動は、自分自身でコントロールしやす
い運動、例えば挙手や身振り・手振りなどである。発言内容とは、発話行為
の中から不随意運動と随意運動の要素を取り除いた言語の内容である。発話
（utterance）を抽象化して文（sentence）にしたものといってもよいだろう。

　観察の重要度が「不随意運動＞随意運動＞発言内容」であるのは、これが

嘘のつきにくい順番だからだ。人は、ことばの表面的な意味(=発言内容)では比較的容易に嘘をつける。だが、声の調子(=随意運動)は比較的正直にその人の心情を伝える。さらに、眼の泳ぎ(=不随意運動)などは、もっと雄弁にその人の正直な姿を暴露する。この精神科医の洞察は、学校教師にも有効である。教師が観察するべきは、まず学習者の不随意運動、次に随意運動である。教師は日頃から、学習者の表情や仕草(=不随意運動)をよく観察し、発言を聞く際も、その内容以上にその言い方(=随意運動)に注目しなければならない[14]。その観察力が教師としての力量を上げる第一歩である。しかし、オンライン授業はその観察力向上の機会を奪っている。

　次に、学習者の表現力については、まず、身体表現という非言語的コミュニケーション手段が学習者にとって非常に大切であることを理解しておかねばならない。学習者は、知識の保有量でも権力関係においても教師よりも下に位置する。教室内の学習者は、言語表現力において教師よりも圧倒的に劣る(少なくとも教室内で適切とされる言語表現に限って言うならば)。学習者が教師の指示に対して時に示す、とまどいやためらいの表情、あるいは反抗的な態度こそは、学習者の正直な姿である。教師の中には、学習者の表情や仕草が向学的(=熱心)に見えない時に、それをもっぱら叱責の対象としか考えない者がいる。そういった教師に日頃教えられる学習者の多くは正直な気持ちを身体で表すことを抑制するようになる。自分の内面と外面を分離させ、内面では学びに興味をもてなくても、外面上は無難な様子を装うようになる。他方、少数の学習者は、ふて寝などの誰がどう見ても反抗的な態度を取ることによって、そういった自分に対する嘘を拒む。学習者の多数派と少数派にこのような違いはあるが、両者ともに、自らの内面を身体で表現する力を十分に発揮していない点では共通している。多数派は心と身体を分離させることによって、少数派は通念的で記号的な身体表現しかしないことによって、自分の気持ちを微細に身体表現することを抑圧する。本来、学習者は、自らの気持ちをまずは身体で表現し、それを察知した教師の誘導にしたがって、言語的な表現を試みるという支援を得るべきである。それが言語的にも権力的にも不利な立場にある学習者が、教室で発言をする過程の1つだ

ろう。だが、オンライン授業などでは、その始まりとなる学習者の身体表現が無効化されているのだ。

　このようにオンライン授業などで教師の観察力と学習者の表現力が共に低下したら、両者が協調的にコミュニケーションを成立させ、互いの関係性を発展させることができなくなる。オンライン授業は、学習者の身体表現と物理的環境の活用機会を大幅に狭める。それが教師の観察力と学習者の表現力を長期的に低下させる。その結果、学びの過程の中で教師と学習者が偶発的なコミュニケーションを行う機会がますますなくなる。授業は、授業にとって必要な最小限の知識伝達に限りなく近づく。

　そういった一方的伝達の授業は、さまざまな条件に恵まれ、学習準備と学習意欲が十二分に整った一部の学習者を利するだけだ。しばしば学習者は、教師や他の学習者との出会いからの偶発的なコミュニケーションにより、自分でも予想していなかった可能性を実現する。しかしそういった姿は、知識伝達だけの一方通行の授業からは想像し難い。恵まれた一部の学習者だけを利する授業は、公教育としては望ましくない。私たちは、知識伝達だけでは授業は十分に成立しないことを理解しなければならない。それでは知識伝達以外の授業の要素とは何か。「学びの過程から偶発的に発生するコミュニケーション」というのが筆者の考えである。次の節ではそういったコミュニケーションを実現するためには、授業には計画性だけでなく、偶発性も予め組み込んでいなければならないことを論ずる。

3.　授業には計画性と偶発性の両方が必要

3.1　授業は一方的な知識伝達でもなければ、無目的な雑談でもない

　授業は教育目的に定められた一定の知識・能力を伝授するためのものである。したがってそこには何らかの計画性が必要だ。かくして教育実習ではしばしば教案（＝授業計画案）を綿密に書くことが求められる。教師が行うべき言動（A, B, C…）はそれぞれが必然的（necessary）なものとして計画される。「授業では必ずAを行い、そこからBが生じなければならない。それを受け

て教師はCを行わねばならない」と新人教師は思い込む。こうなると授業
展開に「遊び」がなくなる。Aという発問をした教師は学習者が模範解答の
Bを出すことだけを待つ。学習者が不正解を述べたり、違った角度からの質
問やコメントを出したりすると、新人教師（あるいは授業計画を頑なに守ろ
うとする教師）は、それを否定したり無視したりする。そんな教師は、学習
者の戸惑いの表情などには反応しない。その時点での授業に必要なことはB
という正解が出てきて、それに対してCという追加説明をすることだから
だ。正解が出ないことにしびれを切らした教師は、Bが正解であることを自
ら述べ、Cの説明を始める。かくして授業は一方的な知識伝達の場となる。
学習者は自らの思いを身体で表現することに無力感を覚え、教師は学習者の
観察をさらにしなくなる。学習者と教師の関係性はよそよそしいものとな
る。

　授業には「遊び」（＝自由度）が必要だ。そのためには、授業で生じる出来
事は、計画に即した必然性（necessity）だけで構成されなければならないと
いう思い込みを捨てなければならない。たしかに授業は、教育目的に即し
た計画に大枠において従わなければならない。だが、授業の細部は「必然
ではないが、かといって、あってはならないことでもない」（not necessary or
impossible）という偶発性（contingency）を有した出来事に従って発展してゆ
くという認識を育てなければならない[15]。

　偶発的な出来事は、「必然」（＝起こることが必須の出来事）ではない。教
師のAという発問について、「ええっ、難しすぎる」と学習者が反応するの
は、教師が次の展開のために必要と考えていたBという正解とは異なる。
かといってそれは「あってはならないこと」（＝それを行うと授業という営
みが完全に崩壊してしまうこと）でもない。学習者は別に突然ナイフを振り
回し始めたわけではないのだ。「難しすぎる」という不満の表明は、学習者
が学ぶ過程においては許容される範囲にある。このように「必然ではない
が、かといって、あってはならないことでもない」偶発的な学習者の反応を
黙殺せずに、うまく活用するのが授業に偶発的なコミュニケーションをもた
らす教師の力量となる。計画至上主義者の教師からすれば「ノイズ」にしか

すぎない偶発性をいかに活用するかという力量である。

　だが、教師はすべての偶発的な出来事をコミュニケーションに組み込まなくてはならないわけではない。筆者が授業観察したある公立中学校のクラスには、明らかに多動と思われる男子生徒がいた。その生徒はしきりに目立つ言動を示す。だが、教師はそれらにいちいちは反応せずに、彼の存在を消極的に容認するにとどめていた。すべて反応していたら他の生徒が置いてゆかれ、授業は成立しなくなるからだ。かといってその生徒の多動をすべて止めようとしたら、その生徒を教室から追放せざるをえなくなる。とはいえ、その教師はその生徒を完全に無視していたわけではなかった。時に「いや、それは○○」と実質的な反応をしたり、「今、それはしない！」と手短に注意をしたりしていた。生徒の多動は、授業計画にとっては偶発的な出来事であるが、そのうちのどれを取り上げるかという教師としての判断は絶妙であった。教師が偶発的な出来事を取り上げ、授業の中のコミュニケーションとして育てるのは、あくまでもゆるやかに計画された学びを推進するためである。教師はどの偶発性を活用するかを、授業展開の場面ごとに判断しなければならない。

　したがって偶発性を活かす授業は、計画性を完全に放棄したまったく無目的の雑談の場ではない。一方では知識・能力の開発という授業の計画性の枠組みから外れないようにしながら、他方では、目の前にいる生身の学習者それぞれが示す偶発的な反応を尊重しながら行うのが「授業というコミュニケーション」、あるいは「コミュニケーションとしての授業」である。一方的な知識伝達（徹底した計画性）と無目的な雑談（まったくの偶発性）の両極端を避け、計画性と偶発性の間の適切なバランスを瞬間ごとに判断して授業をコミュニケーションとして育むのが教師の腕である[16]。

3.2　偶発性、社会性、そして新生力

　教師が学習者の偶発性を認めるということは、学習者が教師にとっての理想像（＝教師のエゴの反映）ではない独立した人格であることを認めることでもある。専制的な教師は、学習者を自らの理想像に作り変えようとする。そ

のような教師は、授業を「いかに効果的に学習者を管理・支配（control）するか」というゲームだと考える。

　むろん専制的であることが必ずしも悪いというわけでもない。学習者や保護者が望む方向に教師がその専制性を発揮するなら、その学級は「規律があり、優れた結果を出すクラス」として称賛されるかもしれない。だがそういったクラスには、どうしてもそのクラス文化に馴染めず、教師のみならずその教師お気に入りの学習者からも疎んじられる学習者がしばしば存在する。また、その教師が担当している間は教師の言うとおりに振る舞い高成績をあげていた学習者が、その教師のもとを離れるや否や、自主的・自発的に学ぶことができなくなったり、新たな教師がいかに無能であるかという不平ばかりを述べたりすることもよく耳にする。やはり専制的なほどに授業の計画性を最大化することは危険である。学習者の偶発的な反応は、専制的な教師からすれば望ましくない反応にすぎないが、逆に学習者の心理と生理からすればその学習者にとっての必然に近い反応なのかもしれない。教師は、自らが望む結果を得たいとする欲望ゆえに、自らとは異なる学習者の存在を否定してはならない。

　偶発性を認めそれを活用しようとすることは、他人が（ひいては世界が）自らの思い通りには展開しないという事実を認め、その事実を逆に利用することで事態の展開を図ることである。自分の思い通りにゆかないことに落胆して行為能力を失うことでもなく（＝脆弱性）、予想以外の展開を無視してあくまでも自らの計画を貫くこと（＝頑強性）でもない。頑強性が保てない場合に速やかに回復して計画達成に戻ること（＝回復力・復元的レジリエンス）でもない。偶発性の活用とは、自分の予想外の出来事を、「必然ではない」かもしれないが「あってはならない」ことでもない偶発性だと認識して、それを新たなスタート地点として、事態打開のために新たな自分を創り出すことである（＝新生力・創造的レジリエンス）。

　そもそも人は、一人ひとり異なり、必ずしも自分が予想したり望んだりする通りではないことを基盤として他人との関係性を築くことは、社会性の基本でもある。社会性に富んだ人は、相手の反応は想定外となることを常に勘

案に入れている。相手の反応を自分の想定通りにしようとして相手を巧みに管理・支配しようともしない。社会性を発達させた人は、相手の相手らしさを自分の自分らしさと同じように尊重し、出来事の偶発性を大切にして、その中から互いにとって望ましい展開をもたらす。

そうなるとショックやストレスを受けた後の新生力（創造的レジリエンス）も、通常のコミュニケーションの中で発展させる社会性と同類であることがわかる。新生力は、日頃のコミュニケーションの中でも培うことができる。そして学齢期の人々が起きている時間の多くを使う授業がコミュニケーションとしての授業であれば、若い世代は学校の授業を通じて、現代に求められる新生力の基本形を体験的に学ぶことができるのだ。

本章のまとめをしよう。COVID-19で学校はオンライン授業という対応を余儀なくされた。その中で、多くの教師はオンライン授業で失われたものの大きさも知った。学習者の身体的表現力、教師の観察力、両者の関係性発展力である。オンライン授業によるこれらの低下は、授業の中の偶発性を大幅に減らしてしまった。

筆者は、オンライン授業の経験から、偶発性のない授業のあり方が当たり前のものとなり、授業が単なる知識伝達の場となってしまうことを恐れる。対面授業を再開した教師が、オンライン授業の感覚を引きずり、学習者の身体的表現の観察を怠り、その結果、学習者とのコミュニケーションが生まれなくなることが怖い。また、オンライン授業の効率性を知った人々がオンライン授業を無批判的に増やすことについても警戒している。

パンデミックが終息した後に学校教育関係者が示せる新生力（創造的レジリエンス）とは、大規模クラスなどにはオンライン（特にオンデマンド）授業を導入しながらも、通常の対面授業では学びの過程で生じる偶発的な出来事をうまく活用したコミュニケーションとしての授業をこれまで以上に自覚的に発展させることではないか。授業を一方的な知識伝達の場にせずに、教師と学習者が学びを志向したコミュニケーションを発展させる場とすれば、それは学びを深める[17]だけでなく、若い世代が新生力（創造的レジリエンス）を教師と共に体験することとなる。激変性・不確実性・複合性・多義性に充

ちた現代社会を生き抜くための準備は、授業を、偶発性を活用するコミュニケーションの場にすることから始まる。

　偶発的なコミュニケーションは、社会性を備えた大人なら誰でも行う、当たり前のことかもしれない。だが当たり前のことを確実に若い世代に伝えるのが教育の根幹ではないか。そもそも今の学校教師は授業において当たり前のことをやっているのか。

注

1　タレブが使った用語は "antifragility" で日本語文献では通常「反脆弱性」と訳されている。 だが "anti-"「反」といった否定的な接頭辞が「弱」というこれまた否定的含意をもつ語に重なると読者は一瞬理解に戸惑う。よって、ここでは用語のわかりやすさを重んじ、「脆いが強い」という意味で「脆強性」という造語を使っている。

2　タレブは、「脆弱性 (fragility)」「脆強性 (antifragility)」「頑強性 (robustness)」の三項対立で論考を進めるが、ここではそれらに伝統的な意味でのレジリエンス (「回復力」) を加えた四項対立で概念整理した。

3　ここでは表現を簡単にするために「人」と表現したが、この「人」には複数の人が協働して成立する組織や共同体や社会も含まれている。

4　ただし「コミュニケーションとしての授業」が成立するには、クラスの規模に一定の限界があるだろう。教師は学習者の身体的な表現をつぶさに観察する必要があるからだ。本章が想定し論考しているのは、典型的には学習者が 20–30 名程度以下のクラスである。

5　ここでの「オンライン授業」という用語は広い意味で使われている。狭い意味での「オンライン授業」は生中継配信の授業であり、予め録画されていた映像を視聴者が好きな時に見る「オンデマンド授業」とは区別される。だが本章では論考をできるだけ簡単にするため、これら両者を含めた広義の「オンライン授業」という用語を使うことを原則とする。

6　この 4 つの観点は柳瀬 (2020b) で提示したが、ここではそれらを別の形でより詳しく説明している。

7　学習者とのアイコンタクトを重視しなかったり、あるいはアイコンタクトを取ることを諦めたりしている教師は、授業に対する学習者の否定的な反応を厭うあまり、それを授業展開のきっかけとは見ることを止めたのかもしれない。

8　ユマニチュードは、介護の現場で、介護者が被介護者をあくまでも独立した人格として人間らしく扱う哲学であり方法論である。その基本は「見る」「語る」といった当たり前のことを丁寧に行うことであり、その当たり前のことを徹底することにより、従来では考えられなかった成果を生み出している。

9　声において失われている事をもう1つ指摘するなら、それは同時多声性である。教室では例えば教師の発言に対して「やった！」「えっ、マジ！？」「ヤベー」といった異なる複数の声が同時に教室空間で共有されることがある。これはクラスの雰囲気や多様性を互いに確認できる格好の機会である。だが、通常、1名の声しか拾えないオンライン用アプリでは、そのような同時多声性を経験することができないし、参加者もそのような表現をする習慣を失う。

10　もちろん眼の表現と同じように、このような身体表現についてまったく配慮しない教師もいる。だが身体メッセージが人に与える影響の大きさはユマニチュードの実践が教えるとおりである。また後に言及する精神科医の神田橋（1990, 1994）は患者に対する医者の身体作法について詳細な分析をしている。臨床家にとって身体作法は決定的に重要である。

11　もちろん学習者が個人的なコミュニケーションを望まない場合も時にある。こういったコミュニケーションの開始は、日頃からの丁寧な学習者観察に基づいていなければならない。

12　ただし微妙な身体表現を観察しにくい数百名規模の大クラスは、教育資源の有効活用のためにむしろオンライン（特にオンデマンド）授業にするべきではないかと筆者は思っている。筆者はオンライン授業の可能性をすべて否定するものではない。他方、たとえ少人数の対面授業でも、教師が身体表現を軽視するならコミュニケーションとしての授業を行うことは困難である。

13　神田橋の見識の教育における妥当性については柳瀬（2021a）を参照されたい。

14　だが残念なことに発言の様子や発言していない時の学習者の様子に無頓着な教師もいる。そういった教師は、往々にして、学習者の発言内容が正解か不正解かだけしか気にしない。だが正解のチェックだけなら機械が行った方がよほど効率的であろう。

15　偶発性やコミュニケーション、さらには自己生成性の概念に関しては、筆者は理論社会学のルーマン（2020）の論考に大きく依拠している。

16　本章では学びに由来する偶発的なコミュニケーションをもっぱら教師と学習者の間で生じるものとして扱っているが、最近「アクティブラーニング」「教えない授業」といった用語で示されている教育方法は、学習者の間でのコミュニケーションを最大化したものである。筆者も『学び合い』を生かした実践を行っている（柳瀬2020a）。

17　紙幅の都合で本章からは割愛したが、この本の出版のきっかけとなったシンポジ

ウムでは偶発性を重視する授業が学びを深めることを、「意味の可能性の充実」「参加者の主体性の発展」「社会的信頼の構築」の3点から論じた。その発表の概要は柳瀬（2021b）で知ることができる。

参考文献

神田橋條治（1990）『精神療法面接のコツ』岩崎学術出版社

神田橋條治（1994）『追補　精神科診断面接のコツ』岩崎学術出版社

熊谷晋一郎編（2017）『みんなの当事者研究』金剛出版

ジネスト，イブ　マレスコッティ，ロゼット　本田美和子訳（2016）『「ユマニチュード」という革命―なぜ、このケアで認知症高齢者と心が通うのか』誠文堂新光社

タレブ，ナシーム・ニコラス　千葉敏生訳（2017）『反脆弱性　上・下』ダイヤモンド社（Taleb, N.N. (2012) *Antifragile: Things that gain from disorder*. Random House.）

柳瀬陽介（2020a）「大学必修英語科目での『学び合い』の試み―「対話を根幹とした自学自習」を目指して」3: pp.23–45.〈https://doi.org/10.14989/ILAS_3_23〉

柳瀬陽介（2020b）「生のコミュニケーションのちからの再認識を」『英語教育』2021年1月号 pp.24–25. 大修館書店

柳瀬陽介（2021a）「学びのための対面コミュニケーションとはどうあるべきか―精神科医・神田橋條治氏の実践知からの整理と考察」『ラボ言語教育総合研究所報 ことばに翼を』Vol.4　〈https://www.labo-party.jp/research/vol04.php〉

柳瀬陽介（2021b）「「授業というコミュニケーションの計画性と偶発性」スライドと説明 Zoom 動画の公開」〈https://yanase-yosuke.blogspot.com/2021/09/zoom.html〉

ルーマン，ニクラス　馬場靖雄訳（2020）『社会システム―或る普遍的理論の要綱 上・下』勁草書房

付記

本章は科研（18K02531）「教師教育現場での「対話的身体」の実証、およびその理論化の試み」の研究成果の一部を公開するものである。

編者・執筆者紹介　（掲載順　＊は編者）

松下達彦（まつした　たつひこ）
国立国語研究所教授、東京大学教養学部非常勤講師
　「語彙学習先行モジュールの日中バイリンガル児童・生徒への応用―母語の漢
　字知識を活かす」（『母語・継承語・バイリンガル教育研究』創刊号、2005）、
　「コーパス出現頻度から見た語彙シラバス」（『ニーズを踏まえた語彙シラバス』、
　2016、くろしお出版）、「日本語の語彙量と漢字力―第一言語と学習期間の影響」
　（共著、『日本語教育』178 号、2021）。

秦かおり（はた　かおり）
大阪大学大学院人文学研究科教授
　Confronting the EU referendum as immigrants: How 'bonding/un-bonding' works
　in narratives of Japanese women living in the UK（共編, *Bonding through Context:
　Language and interactional alignment in Japanese situated discourse*, 2020, John Ben-
　jamins）、「Brexit を契機に顕在化した排除・調整・共感の中で―在英日本人移民
　のナラティブを分析する」（共編、『ナラティブ研究の可能性―語りが写し出す社
　会』2020、ひつじ書房）、「結び直される広島の記憶―テレビドキュメンタリー
　における被曝 2 世・3 世のナラティブ分析」（共編、『メディアとことば 5 特集：
　政治とメディア』2020、ひつじ書房）。

池田麻衣子（いけだ　まいこ）
龍谷大学非常勤講師
　The materialization of language in tourism networks.（*Applied Linguistics Review*
　12（1）, 2021）、「多様な生物との共生を目指す日本語教育」（The 28th Princeton
　Japanese Pedagogy Forum Proceedings、2022）、「学習者の行為主体性が第二言語
　語用論能力に及ぼす影響」（『日本における言語社会化ハンドブック』近刊、ひつ
　じ書房）。

村田和代（むらた　かずよ）＊
龍谷大学政策学部教授
　「〈つなぎ・ひきだし・うみだす〉ためのコミュニケーションデザイン」（『包摂的
　発展という選択―これからの社会の「かたち」を考える』、2019、日本評論社）、
　『シリーズ　話し合い学をつくる』1、2、3（編、2016、2018、2020、ひつじ書
　房）、「ビジネスミーティングにみられるユーモアから発話の権利を考える」（『発
　話の権利』、2020、ひつじ書房）。

横溝紳一郎（よこみぞ　しんいちろう）
西南学院大学外国語学部教授
　『生徒の心に火をつける―英語教師田尻悟郎の挑戦』（共著、2010、教育出版）、『日本語教師のためのアクティブ・ラーニング』（共著、2019、くろしお出版）、『日本語教師教育学』（2021、くろしお出版）。

吉田悦子（よしだ　えつこ）
滋賀県立大学人間文化学部教授
　Referring Expressions in English and Japanese: Patterns of use in dialogue processing （2011, John Benjamins）、「やりとりの不均衡さをどう調整するか―課題達成場面における共通基盤化」（『動的語用論の構築に向けて』2019、開拓社）、「中国人技能実習生が就労する養鶏場で語られた問題の分析―日本人雇用者・従業員のインタビューにおける言語的特徴に着目して」（共著、『ナラティブ研究の可能性―語りが写し出す社会』2020、ひつじ書房）。

嶋津百代（しまづ　ももよ）
関西大学外国語学部教授
　『ことばで社会をつなぐ仕事―日本語教育者のキャリア・ガイド』（共編、2019、凡人社）、『ナラティブでひらく言語教育―理論と実践』（共編、2021、新曜社）、「日本語教育に関する言説とイデオロギーの考察―日本語教師養成における「言語教育観」教育に向けて」（『ともに生きるために―ウェルフェア・リングイスティクスと生態学の視点からみることばの教育』2021、春風社）。

熊谷由理（くまがい　ゆり）
米国スミス大学東アジア言語文化学部上席講師
　Multiliteracies in World Language Education （共編、2015, Routledge）、『未来を創ることばの教育をめざして―内容重視の批判的言語教育の理論と実践』（共編、2016、ココ出版）、『ともに生きるために―ウェルフェア・リングイスティクスと生態学の視点からみることばの教育』（共編、2021、春風社）。

中村香苗（なかむら　かなえ）
淡江大学日本語文学科副教授
　『対話力を育む異文化間議論授業の実践研究―フィッシュボウル訓練の質的分析』（2017、瑞蘭国際）、「Critical Content-Based Instruction を目指した会話授業―多文化共生をテーマに」（『銘傳日本語教育』22、2019）、「非母語話者との話し合い訓練を通した母語話者の気づき―「やさしい日本語」と「調整行動」の観点

から」(『シリーズ　話し合い学をつくる　これからの話し合いを考えよう』3 ひ
つじ書房、2020)。

涂銘宏(と　めいこう)
淡江大学英語文学科副教授

「沈黙の音楽—音楽を主題とするマンガにおける欲情機械と女性性」(『女性マン
ガ研究—欧米・日本・アジアをつなぐ MANGA』2015、青弓社)、『アニメーショ
ン文化　55 のキーワード』(共著、2019、ミネルヴァ書房)、『交差する日台戦後
サブカルチャー史』(共編、2022、北海道大学出版会)。

Julian CHAPPLE(ジュリアン　チャプル)
龍谷大学国際学部教授

Japan's Immigration Intimations and their Neglected Language Policy Requi-
sites. (*Asian and Pacific Migration Journal* 23 (3), 2014)、Teaching in English is not
Necessarily the Teaching of English. (*International Education Studies* 8 (3), 2015)、
Diversity and Inclusion or Excluding Diversity : Which way forward for Japan? (『越
境者との共存にむけて』、2022、ひつじ書房)。

岡本能里子(おかもと　のりこ)
東京国際大学国際関係学部教授

「オバマ広島訪問におけるメディア報道のマルチモード分析—プラハ演説「核な
き世界」との比較を通した記憶の再文脈化」(共編、『メディアとことば 5 特集：
政治とメディア』2020、ひつじ書房)、「ビジュアル・リテラシーと日本語能力
—マルチリテラシーズの教育学から考える」(『日本語学』39 (3)、2020)、「移動
する子どもの「語り」から見る受け入れ側の課題—多文化に拓かれた「選ばれ
る国ニッポン」を目指して」(『越境者との共存にむけて』、2022、ひつじ書房)。

柳瀬陽介(やなせ　ようすけ)
京都大学国際高等教育院教授

「なぜ物語は実践研究にとって重要なのか」(『言語文化教育研究』16、2018)、
The Distinct Epistemology of Practitioner Research: Complexity, Meaning, Plurality,
and Empowerment. (『大学英語教育学会紀要』64、2020)、「学校英語教育は言語
教育たりえているのか—意味の身体性と社会性からの考察」(『KELES ジャーナ
ル』6、2021)。

レジリエンスから考える
これからのコミュニケーション教育

Resilience in Communication Education
Edited by Murata Kazuyo

発行　　　　2022 年 10 月 3 日　初版 1 刷
定価　　　　2900 円＋税
編者　　　　© 村田和代
発行者　　　松本功
装丁者　　　三好誠（ジャンボスペシャル）
組版所　　　株式会社 ディ・トランスポート
印刷・製本所　株式会社 シナノ
発行所　　　株式会社 ひつじ書房
　　　　　　〒 112-0011 東京都文京区千石 2-1-2 大和ビル 2 階
　　　　　　Tel.03-5319-4916　Fax.03-5319-4917
　　　　　　郵便振替 00120-8-142852
　　　　　　toiawase@hituzi.co.jp　https://www.hituzi.co.jp/

ISBN978-4-8234-1165-6